뻬쩨르부르그로 가는 마지막 열차

뻬쩨르부르그로 가는 마지막 열차

정철훈 시집

창비

차례

제1부

나인 동시에 아무것도 아닌 010
카프카의 가르마 014
로맹 가리를 읽는 밤 016
까자끼 자장가를 들으며 020
나의 시대 022
여치 소리 025
막차 026
내 쪽으로 당긴다는 말 028
러시안 블루 030
비를 맞으며 032
오누이 034
이도백하(二道白河) 036
어떤 마중 038
흑승 040

제2부

왕오천축국전을 읽는 아침 044
누에의 꿈 047
이별 즈음 050
흐느낌의 은어(隱語) 052

도화동 언덕길 055

겸허한 닭백숙 058

횡단보도 앞에서 060

기러기의 역설 062

딸에 대하여 064

유모차가 있는 풍경 066

하여간 068

개망초 070

저녁 먹고 한 바퀴 072

합승 075

제3부

병사들은 왜 어머니의 심장을 쏘는가 080

흐린 날의 풍경 083

키스라는 물건 084

문밖의 남자 086

내 하나의 서부전선 088

우리가 가장 잘할 수 있는 사랑 090

풀밭 위의 식사 092

희미하지만 황홀한 094

어떤 산행 096

어느 가을날 098
어떤 흐느낌도 멈춘 정지의 한때 099
추석 전야 102
고적한 설거지 104
구정의 상념 106
뻬쩨르부르그로 가는 마지막 열차 108

제4부

은유적 반성 112
자정에 일어나 앉으며 114
감자를 벗겨 먹는 네 개의 입 115
문짝 118
봄 120
플랫폼에서 122
만리동 언덕길 124
향산호텔에서 밥이 넘어가지 않던 이유 126
문상 128
뼈아픈 오후 130
마지막 삼종(三鍾) 132
네 개의 주어로 남은 사내 134
아직 도착하지 않은 당신 136

두만강변 북한 수비병에게 139
꿈도 없이 두려움도 없이 142
롤랑 바르뜨의 어묵 145

해설 | 홍용희 147
시인의 말 165

제1부

나인 동시에 아무것도 아닌

 러시아식 이름에 부칭(父稱)이란 게 있다
 누구의 자식이라는 것을 부계질서로 드러내는 작명법
 이른바 오뜨쩨스뜨바
 나라는 존재가 아버지가 뿌린 한 종지 정액에서 시작되었다는 부계사회의 권위가 이름 위에 얹혀 있다

 그 작명법의 유래를 나는 모른다
 모른다 했거늘 누런 황색 거죽을 입은 내 이름의 작명법 역시 러시아식 부계질서에서 자유롭지 않다
 내 보기에 러시아는 겉으로만 부계사회일 뿐 속알맹이는 모계의 품안에서 자유로웠다

 남자들이 모두 전쟁터에 나갔으므로
 국토의 정맥이라 할 시베리아 횡단열차를 건설한 주역은 여자들이었다
 영하 50도 속에서 철도를 고정시키기 위해 침목에 망치질하는 어머니들의 옛 사진을 본 적 있다
 남자들이 전쟁터에서 죽어갈 때 여자들은 밥하고 빨래

하고 철도를 건설했다

그사이에 아이들은 태어났으니
여자들에게 남편이라는 존재는 그저 씨 뿌리는 기계였
던 것이다
전쟁터로 떠나가는 남편을 붙들고 애면글면하는 새댁은
동네 여성 강자(強者)에게 뺨을 맞았다

남자 같은 건 버려라
남자는 쓰레기다
남자는 미완성이다
남자의 아랫도리에 달린 총은 눈속임이다
남자는 그럴듯한 인생이 되지 못한다
인생은 여자들의 음습하게 갈라진 틈새에서 싹트는 법
여자들이 철도를 건설하면 그건 남자를 건설하는 것이다

새댁은 눈물을 훔치며 강자를 따라나선다
아버지의 얼굴을 모르는 아이들은 감자처럼 무럭무럭

자라나는 동안
　어머니의 귀가만을 기다렸던 것이다
　그러고도 아이들은 아버지의 이름을 물려받아야 했다

　한 존재의 작명법에 대한 러시아적 모순은 지상의 보편으로 자리잡았고 황색 거죽의 나 역시 예외는 아니다
　그래서 두렵다는 거다
　내가 남자라는 게
　내가 누구의 아버지라는 게

　이름은 모순된 문명이다
　내가 이름을 버려야 할 이유가 모성의 내부에서 나오는 것이다

　내가 부정하는 것은 아버지도 부칭도 아니다
　나는 나인 동시에 아무것도 아니라는 사실
　내가 누구의 자식인 동시에 누구의 아버지라는 사실이 어색하다

하나이면서 둘인 이 정체성은 두 줄기 철도를 달리는 기차와 같다
암컷과 수컷의 기능이 무수한 차별을 양산하는 구조
나는 그 구조 속에서 태어났기에 그 구조를 부정하는 것
부정하는 게 아니라 부칭에 섞여 있는 모순에 반응하는 것
나는 나인 동시에 아무것도 아닌,이라고 쓴다
나인 동시에 아무것도 아닌

카프카의 가르마

낮에는 보험회사 직원
밤에는 글 쓰는 고독한 작가
사진 속 카프카의 머리 가르마는
내가 보는 시선에서 왼쪽과 오른쪽이
2 대 8로 단정히 나뉘어 있다

보험회사 직원이 2라면
작가가 8일 거라는 생각
밥벌이와 영혼의 관철이 2대 8일 거라는
생각의 연장이 카프카의 사진이다

쓰고 싶은 욕망은 밥벌이에 비해
네 배는 더 무게가 나간다는 등식이 카프카의 가르마다

카프카는 고독한 불면의 밤을 지새면서
여러번 타오르고 사그라들었을 것이다
문장을 불살랐나가 다시 소생시키는 거대한 불을 만났을 것이다

카프카의 밤은 격리되어 있었다
그 긴 밤의 어느 순간에 상처가 터져버린 것이다
밤이나마 밥벌이를 잊을 면죄부를 주는 건 불의 제의다

내 안에서도 불이 일어나 모든 상념을 태워버리길
영혼의 궁핍을 깨닫기까지
밤이여, 새지 말기를

로맹 가리를 읽는 밤

로맹 가리를 읽는 밤에 비가 내린다
번역본 「그리스 사람」을 읽는 밤
그러니까 밤비가 무언가를 번역하는 몸짓으로 느껴진다
밤비가 번역하는 것이 불귀(不歸)에 관한 이야기라는 걸 나는 눈치챈다
내가 오래도록 지병처럼 앓아온 의문이 싹 가시는 것 같다
내 지병은 내 피의 과거와 현재를 청산하지 못하고 멈칫거리다가
발목을 잡히고 마는 실패한 탈주의 악몽이다

날이 밝으면 큰아버지가 공항에 도착하는 아침이다
그는 오래전 소련으로 망명했으니 그 국가가 패망해 사라졌다 해도 그는 소련에서 온 사람이다
그러니까 로맹 가리를 읽는 밤에
내가 번역하고 있는 건 큰아버지의 귀환이다
로맹 가리는 1914년 모스끄바에서 태어나 빠리로 건너간 뒤 두 번 다시 돌아오지 않았다

큰아버지는 1923년 광주에서 태어나 모스끄바로 건너갔으며 첫 상봉 이후 두 번이고 세 번이고 돌아오고 있다

로맹 가리는 돌아오지 않는 수영법에 대해 쓰고 있다
헤엄을 치다가 너무 멀리 나아가면
다시는 육지로 되돌아가고 싶지 않다는 위험한 기분이 드는 때가 있다고

그는 그걸 바다를 너무 사랑하는 사람들에게 바다가 장난치는 거라고 썼다
너무 멀리 나아갔다는 생각이 드는 순간 귀환할 가능성은 희박해진다
그러니까 내가 번역하고픈 것은 귀환하지 않는 삶에 관한 가능성이다
이른바 로맹 가리 식 귀결

나 역시 너무 멀리 나와 있다
내가 소속되어 있기는 하지만 집은 내가 추구하는 목적

이 될 수 없다

　그러니까 나는 캄캄한 밤과 광활한 대양에서 별빛만을 믿고 스스로 귀환하지 않을 일에 골몰해 있는 것이다

　이때 큰아버지가 귀환하는 것이다
　벌써 아홉번째 귀환
　귀환은 진부하다
　진부해진다는 건 죽음이다
　실제로 그는 죽음을 준비하러 오는 것인지도 모른다

　나는 진정 그가 이국땅에서 운명하길 바란다
　내 피에도 불귀의 유전자가 흐른다는 걸 그가 증명해주길
　이 시대에 고향에 뼈를 묻는 일은 사치에 가깝다
　거의 모든 사람들이 낯선 납골묘원에 뿌려진다
　겨우 납골당 서랍 하나를 차지하는 게 상식이 된 시대에
　귀환의 명분은 퇴색한다

　귀환하지 않는 게 최선이다

로맹 가리는 알고 있었다
알고 있었을 뿐 아니라 실행에 옮겼다
내가 불안한 것은
큰아버지의 귀환이 나의 귀환으로 이어질 수 있다는 개연성 때문이다

귀환할 때와 귀환하지 않을 때를 아는 사람은 아름답다
이것이 밤비가 내게 들려주는 번역이다
큰아버지 같은 사람은 세 줌 네 줌씩 되지만
로맹 가리는 오직 한 사람뿐이다
살아 있을 때 대지 그 자체가 되는 것을 로맹 가리 식 실존이라고 부를 만하다

로맹 가리를 읽으면서 날이 샌다
스탠드등을 끄는데 로맹 가리의 마지막 숨결이 미명 속으로 툭 떨어진다
사랑 너머까지 사랑을 끌고 갔던 로맹 가리의 마지막 총소리가 이 새벽을 화약냄새로 흥건히 적신다

까자끼 자장가를 들으며

자장가는 왜 이리 슬플까
그건 꿈에서 왔기 때문이지
이루지 못한 꿈
바유시키 바유 바유시키 바유

자장가는 전생에서 오는 것
세상이란 슬픈 곳이며
얼마나 많은 눈물을 흘리게 될지
태어나기 전부터 알기 때문이지
바유시키 바유 바유시키 바유

자장가는 태반에서부터 빙글빙글 돌아가는 음반
바늘이 운명의 표면을 긁을 때 나는 소리
하늘의 별도 그렇게 태어나고 그렇게 소멸한다지
바유시키 바유 바유시키 바유

자장가는 아기의 귀에 수면의 묘약을 흘려보내며 말하지
세상 같은 거 잊으라 잊으라

지구는 회전하고
세상의 모든 자장가는 그 회전축을 따라 돌고 있지
바유시키 바유 바유시키 바유

나의 시대

직립보행은 슬프다
한 발이 한 발을 번갈아가며 끌고 나가는 동안
중심을 잃지 말아야 하는 슬픈 사연이 있다

몽둥발이가 된 슬픈 사연을 원효로 어디쯤
적산가옥 골목을 걸어가면 알게 된다
일본이 아직 여기 머물고 있구나
시모노세끼에 가보면 안다
한국이 아직도 끌려와 있구나
일본은 적산가옥으로 한 시대의 교환가치를 구축하였다

이미 명멸해버린 교구꾼이나 인력거꾼의 자손처럼
내 조국은 직립의 슬픔을 안고 달리고 또 달려왔다
　유구하다는 역사를 달랑 맨몸에 싣고 언덕배기를 오를 때
　직립보행의 비애가 전봇대에 덕지덕지 나붙은 구인광고
에서 나부낀다
　교구꾼도 인력거꾼도 옛 시절의 구인광고를 장식했을 터
　개도 짖지 않는 골목길이다

적산가옥 근방에 가면
일본 어느 도서지방의 해안선이 철썩거리고 있으니
이 언덕길에는 이름이 없다
때로는 명명하지 않고 호명하는 일이 역사이기도 하다

오늘도 걷는다는 말의 내부에는 발바닥에서 하루가 시작되고
발바닥에서 하루가 마감되는 직립보행의 비애가 있다
발바닥 아래 빠각거리는 소리를 밟고
이 언덕길을 내려가 망명을 떠난 어느 직립보행인을 떠올린다

만주에서 개장수, 블라지보스똑에서 항만노동자였던 강자들
그때는 우리의 시대라고 부르던 시대다
나의 시대는 우리의 시대와 다르다
나는 아직 이루지 못한 미몽의 시대에 살고

우리는 이미 좌절된 무력함의 시대다

나는 우리가 못다 이룬 꿈의 변형에 대해 쓴다
귀신과 허공과 우연을 믿었던 청년
나의 청년은 죽지 않고 사라지지도 않고
내 안에 깃들어 있다
나의 시대는 나 하나를 구원하기에도 모자란다
나는 변해왔고 아직도 변하는 중이다

우리의 시대는 진보하지 않고 나의 시대는 진보한다
진보도 진부하긴 마찬가지이지만
나의 시대는 빛 좋은 개살구 되기다
나의 시대는 우리의 시대보다 더 크다
나로부터 우리가 나왔으므로 우리는 과장된 나다
우리의 시대는 나무들로 빽빽한 숲이지만
나라는 한 송이 꽃향기를 이기지 못한다

여치 소리

여치 소리는 찌릿찌릿한 연애사
저기 여치양, 저기 여치군
미세전기로 오는 찌릿찌릿
손끝으로, 손가락 끝 지문으로 오는 찌릿찌릿
심장에 번지는 찌릿찌릿
지문으로 와서 지문을 섞어놓는 소리
저기 두 마리 초록 여치
더듬이를 길게 세워 눈망울부터 더듬거리는 초록 곤충
수풀을 지나 잎새를 건너 가지 위에서 껑충
아무리 멀리 있어도 마침내 닿고 마는 초록
두 초록이 하나의 초록으로 찌릿찌릿
전기가 올라 있는 초록
수풀 전체가 감전된 듯 찌릿찌릿
한 존재가 한 존재를 관통하는
한 존재가 한 존재로 인해 다른 존재가 되는 찌릿찌릿
저기 여치 여사, 저기 여치 신사
태초에 여치 소리가 있었다

막차

막차에서는 양계장 냄새가 난다
닭털이 눈발처럼 날리는 양계장
몇 안되는 승객들의 눈꺼풀은
닭을 닮았다

하품은 전염병처럼 입천장에 들러붙고
온전한 사람이 하나도 없다
코끝이 빨갛게 취해서 비스듬히 기울거나
아예 목을 뒤로 젖힌 채 졸고 있다

앉은 자세로 보건대 삶은 온전한 질서가 아니다
아침에 본 그 많은 사람들이 어디론가 빨려가버린 느낌
빈 좌석에는 어떤 온기도 남아 있지 않다

남은 승객은 겨우 셋
차량기지로 들어간다는 안내방송이 나오고
어기적어기적 일어나 문 쪽으로 가는데
뒤를 돌아보니 일어날 생각도 없이 앉아 있는 또다른 내

가 있다
　제 깃털을 노란 부리로 콕콕 뽑고 있는 한 마리 닭

　닭모가지와 새벽에 관한 비유는 역사가 과장되어 있다는 증거일 수 있다
　차라리 닭털이 눈발처럼 날린다는 막차에 관한 비유가 더 정직하다
　막차에 실려가는 오늘의 마지막 신화는 사람이 닭처럼 양육된다는
　양계장식 비유다

내 쪽으로 당긴다는 말

새벽이 차다
내가 자고 나온 방을 질질 끌고 나온 것 같은
새벽이다
동아줄을 어깨에 감고 무언가를 끌고 있는 느낌
일리야 레삔의 그림에서 배를 끄는 노예들 가운데
내가 끼어 있는 것 같다

실은 아무것도 끌지 않는데
내 쪽으로 끌어당겨지는 무언가가 있다
내 쪽이라는 말은 어느정도
인간의 이기심을 반영하는 것이지만
끌어당긴다는 것은 내 쪽이 아니고는 불가능하다

내 쪽으로 끌어당기는 포옹
내 쪽으로 흡착하는 입맞춤
내 쪽으로 힘껏 끌어당기고 있는 사랑한다는 말

말이 당겨진다는 것

당겨져 어깨에 얹힌다는 것
평생 노예가 되어 끌어당겨도 좋을 사랑한다는 말
동아줄이 자꾸만 짧아지고 있다

러시안 블루

고양이가 새벽부터 반복적으로 울어댄다
야옹야옹야옹
지상을 뜨고 싶은 모음들의 강

반복적으로 울어야만
그리움의 끝에 가닿을 수 있다는 명제가
고양이 울음에서 성립한다

어느날 한식구가 된 진회색 러시안 블루
처음엔 러시아 이름 미하일로비치의 애칭인 미샤였다가
미 자를 떼내고 샤샤였다가 다시 샤뿅으로 불리는 건
순전히 녀석의 울음 덕분이다

샤뿅샤뿅샤뿅
허공에 떠서 내려오지 않는 울음들 발음들
고양이 울음소리가 이 새벽을
물에 뜨는 모음의 강으로 만들고 있다

내게도 저토록 반복적으로 울어야 했던 그리움의 시절
이 있었다
오래전 진눈깨비 쌓이던 모스끄바 어느 후미진 뒷골목

비를 맞으며

비 오는 날
숭고미에 대해 생각한다

우산을 쓰는 건
원숭이도 할 수 있는 일
비에 젖기는 원숭이도 마찬가지다

숭고미는 흠뻑 젖기에서 나온다
내리는 비를 맞으며 비가 되어버리는 것
젖는 게 아니라 젖어 있는 그 자체가 되는 것

음악을 들으며 음악이 되는 것
이때 귀는 하나의 도구일 뿐이다
흐느끼면서 흐느낌 자체가 되는 것

우산을 쓰고 있으면서도 충분히 비에 젖는 것
우산이라는 도구를 사용하면서도
우산의 안팎을 자유롭게 드나드는 기법이 숭고미다

사랑은 존재를 적시는 빗줄기
이미 젖어버린 숭고미가 사랑이다

오누이

붉은 벽돌 굴뚝이 마당 한가운데 서 있다
땅에 꽂아둔 바늘처럼
연기가 나오는 끝부분이 시커멓게 그을린 굴뚝
그 아래 화단에는 꽃들이 피어 있다
노랑꽃 파랑꽃 빨강꽃
옷차림을 보니 가을이다
나와 여동생은 양털 스웨터를 입고 있다
이발소에서 풀을 뜯는 초원의 양떼 사진을 본 적은 있었지만
그때만 해도 우리는 양들의 침묵에 대해 알지 못했다
스웨터에 스며든 양들의 침묵이 내 어린시절에 찍은 사진의 비밀이다
양떼 속의 고립
양들의 불안한 울음
동일하게 반복되는 떨림의 각운
그즈음 나는 유프라테스강에 대해 배운다
동생에게 그 긴 강의 이름을 어색하게 말해준다
오빠, 유프라테스는 어딨어?

몰라, 사막을 흐르는 강이라는 것뿐
그러고도 사십년을 더 살았는데 우리는 아직
유프라테스에 닿지 못했다
양들의 침묵이 일곱살과 네살의 스웨터를 감싸고 있다
두 마리 어린 양이 손을 꼭 쥐고 정면을 바라보고 있다
눈물이 나는 걸 간신히 참고 있다

이도백하(二道白河)

옛사람들은 어떻게 나이를 견뎠을까
지금처럼 사랑한다 사랑한다 말도 못했을 텐데
이 강을 어떻게 건넜을까

귀밑머리 가늘게 떨리는 세월의 강가에서
돌을 주워 솥단지를 걸고 청솔가지 꺾어 불을 지피며
건너가야 할 강 너머를 바라보던 아득한 시선들

지금도 강가에 가면
그 옛날 불을 지피던 검댕이 돌들이 뒹굴고 있다

가로지른다는 것은 여기서는 안 보이는 틈새를 가까스로 빠져나가는 일
 나이는 먹는 것이 아니라 목숨을 태우는 일
 강을 건넌 사람들에게서는 연기 냄새가 난다

태워진다는 거
사랑하는 일이 돌을 주워오고

청솔가지를 꺾는 일과 다르지 않다

지금도 어두운 주방에 쭈그리고 앉아 사부작사부작
슬픔을 삭이는 소소한 움직임이 강을 건너는 것이다
안으로 삭여 스스로 흐느끼지 않으면 강은 건널 수 없다

사람들이 다 떠나고 나면
강가에 지핀 장작불은 유난히 거세게 타오르고
뜨거운 바람이 소스라치며 하늘로 빨려올라간다

광주리며 보따리를 머리에 인 채
아이들의 손목을 잡았다지만 더러는 물에 빠져죽고
더러는 물속을 걸어 건넜던 것이다
아무 소리도 없이 강물만 사부작사부작

파랗게 파란 채 죽은 것들이 강이었으니
그때나 지금이나 칠흑 같은 어둠속
휘영청 달 하나가 어머니고 아버지였다

어떤 마중

작년 추석 즈음 무엇인가가 시작됐으나 그게 무엇인지는 아직도 알 수 없고 다만 달의 인력과 관계가 있을 거라고 짐작될 뿐 그때는 유리조각에 발등이 찍혀 두 번이나 수술을 해야 했던 딸을 차에 태우고 병원 응급실을 몇차례 다녀야 했으며 딸아이는 상처를 어루만지는 동안 숙녀가 되어갔고 나는 딸의 발목을 감은 하얀 붕대를 바라보며 버지니아 울프를 떠올렸고 주머니에 돌멩이를 가득 채우고 강물 속으로 걸어들어간 울프처럼 나 역시 끊임없이 구조음을 발신하는 추락한 비행체의 블랙박스였다는 사실이 곱씹어지는 추석 즈음에 시작된 게 무엇인지는 여전히 알 수 없고 다만 뇌리를 스쳐가는 것은 십년 너머 세월 저편의 추석 즈음에 까자흐스딴 알마띠에서 재소한인 고향방문단에 섞여 입국하는 혼혈 사촌여동생을 마중하기 위해 김포공항에 가 있었으며 그때나 지금이나 과거의 일들이 현재라는 시제 위에서 아지랑이처럼 휘발되고 있다는 느낌이 드는 것은 오래전 알마띠에서 만났던 그녀가 결혼을 해서 아들을 낳은 이후 뚱뚱한 아줌마로 변해 있었으며 내 앞에 서 있는 그녀가 예전에 알았던 푸른 눈동자의 맑고

풋풋한 이국 소녀였다는 사실을 도저히 믿을 수 없을 만큼 우리는 머지않아 서로를 알아보지 못할 것이며 알아본다 해도 예전의 우리는 아닐 것이며 내 기억 속 그녀는 마치 신기루처럼 시시각각 증발하는 대기에 섞여 사라지고 있었으며 두 배쯤 부풀어오른 그녀는 나를 외면하듯 딴 데를 보고 있다가 일행과 함께 대절버스에 올랐으며 그녀가 창가에 앉아 미숙하게 발음하던 내 이름 '치룬, 치룬' 하는 두 음절이 마치 새가 울고 가는 것처럼 느껴졌노라고

흑승

푹푹 쌓인 눈길을 자벌레처럼 기어가던
러시아정교회 흑승(黑僧)을 만난 적이 있다
목에는 육중한 철십자가 달린 사슬을 감고
콧수염은 얼어붙어 고드름이 매달렸다

버스가 내뿜는 매연은 그의 하얀 입김을 지우고
행인들은 혀를 차며 측은한 눈길을 보냈다
칼바람 몰아치던 1990년 2월

모스끄바 시민들이 주고받던 단어는 온통
옐찐과 고르바초프와 바웬사와 그단스끄였다
그 발음에서 붕괴의 조짐은 없었지만
왜 흑승이 끌고 가던 철십자가에서 불꽃이 튀고 있다고
생각했을까

 고르바초프의 애칭이 비둘기와 같은 발음인 고르비라는
사실도 그때 알았다
 이마의 큼지막한 붉은 점이 불길하다는 비아냥도 쏟아

졌다

러시아를 지워버릴 것처럼 쏟아지던 함박눈
어렵게 찾아든 민박집에서 잠은 오지 않았다

주인 여자는 성냥을 그어 가스불을 붙이며 몸을 떨었다
─난방이 되지 않아 이렇게 불을 붙여놓지요
그날밤 꿈은 어지러웠다

서울로 가는 비행기는 성층권을 날고 있다
상공에서 내려다본 시베리아는 달의 뒤편처럼 어둡다

신의 한숨으로 만들어진 것 같은 검은 산과 깊은 계곡
먼 시야 가운데 산허리를 감고 도는 하얀 실금 몇개
아마도 강줄기인지 영하 60도의 찬 대기에 몸서리치다
토막토막으로 떨어져나간다

눈을 감자 정교회 첨탑에서 종소리는 울려퍼지고

쇠고랑을 찬 유형자들이 마을로 들어선다
그들을 따라온 젊은 흑승은 한 사람씩 붙들고 이마에 성호를 긋는다

유형자들은 석양을 한순간이라도 더 바라보기 위해
감옥의 서쪽 창가에 붙어선다

수신자 없는 편지를 쓰는 밤은 늘어가고
아무도 읽지 못할 일기를 끼적일 펜과 잉크는 얼어붙고 있다
자작나무 가지가 눈을 이기지 못해 우두둑 부러질 때 나는 눈을 뜬다

비행기는 시간여행을 하는 한 마리 날벌레처럼 시베리아 상공을 날아가고
나는 어디로도 귀환하고 싶지 않았다

제2부

왕오천축국전을 읽는 아침

가을 하늘에 잠자리 한 쌍이 번득번득 날고 있다
잠자리는 가을의 자식
저들에게 가을은 교미의 한 찰나인 것이다

하루를 살아도 저렇게 살아보자 했거늘
지금은 서쪽으로 간다는 당신이 이륙했을 시간
비행기가 구름을 뚫고 날고 있다 해도
나는 서쪽 하늘이 하나도 궁금하지 않다
저렇게 자유롭게 날고 있는 잠자리가 있는 한
그리고 내가 왕오천축국전을 읽고 있는 한

 보잉이라든지 뚜뽈레프라든지 모든 비행기가 잠자리 한 마리를 이길 수 없다는
  자명한 말씀이 잠자리 날개에서 은빛으로 툭 떨어져내린다

 왕오천축국전 첫 줄
  ─삼보(三寶)를… 맨발에 알몸이다

외도(外道)는 옷을 입지 않는다
　　땅은 모두 평평하고…

아, 글자가 눈에 들어오지 않는다
눈앞에 잠자리가 날고 있으니
당신은 모를 것이다
잠자리가 날고 있는 건 왕오천축국전 때문이라는 걸

왕오천축국전이 발견된 건 겨우 100년 전의 일
1200년 동안 뚠황 막고굴의 어둠을 빨며
시간을 기다리고 있었던 게다
실은 그건 진본이 아니라 필사본

불타 사라졌다는 전설만 내려올 뿐
진본은 지금도 발견되지 않았으니
진본은 잠자리가 되어 날고 있을 거라는 생각
잠자리들은 시간의 재에서 태어났을 거라는

문득 왕오천축국전에 남아 있는 글자보다
떨어져나간 글자들이 잠자리가 됐을 거라고 생각해본다

저 움직씨들, 동사들,
주어 없이 지극히 자유로운 동사들
뱃길로 도착한 천축국에서 혜초의 발걸음이 또한 그러했을 것이다
혜초의 몸에서 잠자리 날개가 돋아났던 게 틀림없다

잠자리가 있어 눈이 시린 가을
전생이라는 진본이 발견되지 않고 있기에
우리는 만남과 헤어짐을 반복하는 것이다

다만 한 가지
저토록 잠자리 한 쌍이 교미의 춤을 추고 있으니
글자들이 무슨 소용이겠나
아무리 눈을 씻어도 왕오천축국전은 눈에 들어오지 않고
잠자리 훨훨!

누에의 꿈

어느날부터 나는 커피향이 스멀거리는 마포의
옥외 커피점에 앉아 있기를 좋아하게 되었다

실내와 실외를 구분짓는
그 어중간한 경계에는 아무 선도 없지만
내 몸이 그 선에 얹혀 있다는 게
커피향과 더불어 자유를 떠올리게 한다

기차 레일을 밟고 한없이 걸어보던 어린날의 발자국들이
그 보이지 않는 선에서 저벅거리고
기차가 달려와 나를 냅다 치받아도
아무 생채기 없이 다시 살아나는 그런 선이다

그 선에 걸려 푸드득거리다가 겨우 빠져나온
저 허공의 새떼들이나 알까
그렇다고 안과 밖을 통합하자는 야욕이 있어서가 아니다

나는 그 자리에 앉아 하나의 점으로서

오가는 행인들의 이동을 내 몸에 묶어본다
그들의 슬픔과 기쁨, 만남과 헤어짐, 열정과 냉정 같은 것들

그러면 내 몸을 당기는 무한한 선들이 생겨나
나는 그 선을 당겼다 늦췄다, 묶었다 풀었다 하면서
하루 같지 않은 하루를 그냥 보내는 것이다

나는 그 무수한 선을 뽑는 한 마리 누에가 되어
꿈틀대면서 환희의 비명을 지르기도 하고
무심코 선 하나를 내 쪽으로 당겨보기도 한다
선이 선을 달고 딸려오다가 뒤엉킨다

선들이 엉키면 엉키는 대로
아침은 아침대로 좋지만 오후가 되면
커피향의 질감이 조금은 무거워지고
내 몸에 묶인 선들도 조금은 낭창낭창 헐거워져 좋은
오후의 한때를 즐겨보는 것이다

영혼 같은 게 있다면
영혼은 밝으면 별반 쓸모없는 것이 되고 말 것이기에
나는 영혼이란 놈이 좀 어두컴컴하게 숙성되기를
그 옥외 커피점에 앉아 기다려보는 것이다

이별 즈음

낙엽이 떨어지는 것을 유심히 지켜보면
낙엽은 떨어지는 것이 아니라 처음부터 날고 있었다
떨어진다는 것은 감정이며 상념이다
사랑이 끝났다는 종결어미
그 뜻글자가 꼬리를 길게 늘어뜨리며
날아가고 있다 강 건너편으로

빈대떡 부치는 냄새가 나고 늙은 여자들이
프라이팬에 기름을 두르며 옹기종기 모여 있다
입 주위에 주름이 새겨진 여자들
그들이 마흔이며 쉰 시절을 입에 올리며
옛이야기를 하는 동안 빈대떡은 노릇노릇 구워지고
그 빛깔이 또한 낙엽을 닮아 여자들은 늙었다

낙엽에서 빈대떡에게로 흘러온
이 세월의 내부가 이젠 궁금하지 않다
늙은 여자들의 이야기가 입에서 흩어져
자유롭게 날고 있으니 이 깃털 같은 가을 공기에서

어찌 연기 냄새가 나지 않겠는가

재 한줌으로 변해버린 세월의 내부
폐허를 견딘다는 건 격조다
이젠 낙엽이 날아간 강 건너편이 하나도 궁금하지 않다

삶은 삶대로 사랑은 사랑대로 진실은 진실대로
프라이팬에서 내 흘러간 이야기가 노릇노릇 구워지고
있으니
 누군가를 잊기에 좋은 날이다

흐느낌의 은어(隱語)

내 흐느낌을 내가 빤히 지켜본다는 거
간밤에 내 안에 내가 흐느끼고 있었다
흐느낌의 가치는 자기 정화라고 배웠다
책이 아니라 삶으로부터
그러니까 나 자신의 하루하루가 착착 펼쳐지는 흐느낌의 책 자체였다

가난한 마음이 사랑을 갈구한다고 배웠다
가난한 마음이 어디에 있는 줄 모르겠다
새벽부터 지쳐 있는 나는 무엇을 논증하기 위해 흐느끼는 걸까

화분에 물을 주다가 뿌리까지 적셔지는 이 정밀한 흐느낌을
올가을에 다시 배웠다
방바닥에 뭉쳐진 먼지를 손끝으로 주우며
내 흐느낌이 어디에 뭉쳐 있는지 새로 배웠다

토란국이 끓고 있다고 했지만 난 거들떠보지도 않고
주섬주섬 옷을 입고 집을 나왔다
저렇게 말하는 입이 국가 같다
내게서 꼬박꼬박 세금을 징수하는 국가
국가의 입은 귀신 씻나락 까먹는 말이나 중얼거린다

국가는 늘 안달한다
난 막연한 가능성을 생각해본다
국가의 간섭을 최소화할 수 있는 방안은 무엇인가
늘 그렇지만 당면한 문제에 대한 해답은 없다

나는 국가와 격리되어야 한다
나를 교조주의자라고 부를지도 모르겠다
난 국 한 사발 밥 한 그릇을 포기하는 대신
내 흐느낌의 자리를 찾아서 걸어본다

흐느낌으로 깊어가는 밤이
저만치 골목 끝에서 서성거리고 있다

오늘도 허기진 흐느낌을
그 서성거림에서 얻는다

도화동 언덕길

도화동 언덕에서는 시인 김수영의 죽음이 보인다
마포 근방
근방이라는 말이 덜커덕 가슴에 와닿는다
누구를 당장이라도 만날 것 같은 근방이라는 말

문우 이병주와 술을 마시고 헤어져 허청허청 밤길을 걷던 김수영이
 버스에 치여 쓰러진 날 아스팔트에 묻은 핏자국이
 도화동 언덕에서 덜커덕 보인다

밤이어서 그의 죽음은 잘 보이지 않았다
술 그리고 멸망의 축제
사망유희가 있는 도화동은 그러므로 삶의 바깥이다
 김수영의 퀭한 눈동자는 죽음이라는 비유의 바깥을 응시하고
 그가 입고 있던 하얀 러닝셔츠에 시인의 마른 기침이 번진다

번진다 기침소리가
행상이 소리치며 수레를 끌고 가는 도화동 언덕길에 번진다
마포 근방
어디론가 떠나기에 좋은 곳이라는 의미
새우젓배가 드나들던 나루터가 있던 곳이어서일 게다
강이 바다를 만나기 전에 꼭 지나야 하는 곳

언덕길을 내려오면서 나는
나귀를 타고 일없이 왔다갔다하고 싶다 했던 백석을 떠올린다
백석이 쓴 「마포」라는 산문도 떠오른다
개포에는 낮닭이 운다고 했던가
개포의 작은 계집아이들이 빨래를 가지고 나와서 뗏목의 잔등에 올라앉는다 했던가
올라갈 때 김수영, 내려올 때 백석
이만하면 뱃심이 딴딴해진다

산 자가 죽은 자를 불러오기에 좋은 언덕길이다
사철나무에 물을 뿌리고 있는 아파트 수위가 누굴 닮은 것도 같다
아무래도 나는 마포의 주민이 되고 싶은가보다

공화국은 너무 크고 무슨무슨 동은 너무 작고
아무래도 마포 근방이라는 말이 마음에 번진다
어디에 사느냐고 물으면 그냥 마포 근방이라고 말할 수 있는 근방

번진다 기침소리가
번진다 낮닭 우는 소리가
그리고 나는 빨랫감을 품에 안은
소담한 계집아이를 뗏목에 태우고 노나 저었으면 좋겠다

겸허한 닭백숙

솥단지를 들여다본다
거기 웅크린 채 젖어 있는 닭 한 마리
자신이 자신을 얼마나 껴안아야
이토록 하얗게 발가벗은 닭이 될까

그때 내가 살아가는 삶의 방향이 바뀌었다는 걸
눈치챈다는 건 하나의 경이다
심각한 언어장애를 앓으며 살아왔다는 내 전생이
한눈에 들어온다는 것
게다가 닭살이 돋는다는 말이 있지 않은가

전신이 자기 자신의 존재감으로 소름 돋아 있는
저 모양새가 과연 우리 살아 있는 밀도란 말인가
평생을 두 발로 걸어왔을 하나의 생애가
국물에 푹 젖어 있다

벼슬도 대가리도 제거된 채
살아 있을 때 세상과 접촉했던 모든 기관은 사라지고

죽은 몸이 죽은 몸을 한껏 껴안고 있는
이 장렬한 생애를 우리는 닭백숙이라고 부른다

머리 쪽도 다리 쪽도 방위가 없다
아무 방향도 없이 누워 있는
이 하얀 물체를 나는 백색의 공포라고 명명한다
우리가 사는 이유는 이 공포를 얻기 위해서다

궁극은 아니지만 궁극에 가까운 삶의 포즈
지금 내가 들여다보고 있는 솥단지 속 닭백숙의 자세가
또 하나의 겸허다
겸허한 반성이자 겸허한 완성이다
닭백숙을 들여다보며 내 삶의 방향이 바뀌었다

횡단보도 앞에서

서시오 빨간불이 켜지고
건너편에 모여 있는 한 무리의 사람들
내 사랑도 한때 거기 서 있었지
유리알 같은 눈동자를 깜박이며
아까운 속눈썹이 훌쩍 떨어지는 줄도 모른 채
앙다문 입술을 삐죽거리며

사람 하나가 횡단보도를 건너
나에게 온다는 것은
첩첩한 그리움을 뚫고 오는 것이지
전생애가 함께 오는 것이지
세상은 커다란 혼돈
어서 건너오시오 내 모르는 사람아
혼돈이라는 횡단보도를 건너 천천히 넘어지지 말고

마침내 바뀌고 마는 가시오 파란불
네 하나의 발걸음은 나에게 오고
다른 하나는 나를 스쳐가는 걸

난 빤히 지켜보고 있다 팔짱을 낀 채
멀어져가는 너의 절반을 속수무책 바라볼 수밖에

기러기의 역설

새벽부터 부엌에서 달그락거리는 소리에 아무 강박은 없다
강박은 그걸 운용하는 주체의 농간이다
새벽에 듣는다
손은 거칠고 감정은 격하다
수도펌프가 돌아가는 소리가 어질어질하게 들린다
식칼과 과도와 젓가락과 포크
모든 게 찌르도록 되어 있는 물건
접시와 술잔과 유리컵과 질그릇……
모든 게 깨어지도록 되어 있는 생활의 역설
살림이라는 게 이토록 복잡하다
모든 살림살이가 나를 찌르고 깰 수 있다
그리고 가스불이 있다
국이 끓을 때 이 생활의 역설도 자글자글 끓고 있다
나는 가정에 동화되지 않는 고립을 추구한다
나는 가정과 고립에 밑줄을 친다
바깥 세계와 동질성을 추구하는 게 내 소박한 민주주의이기에

저 달그락거리는 살림살이의 비명에서도
나는 기러기 날개소리를 듣는 것이다
찔리거나 깨지는 한이 있어도
결코 동화되거나 주눅들지 않는 저 늠름한 기러기 날개소리
부엌에서 들려오는 격정을 뒤로하고 요에 단정하게 눕는다
나는 차라리 기러기가 되는 게 낫겠다
이 고장난 생활을 내려다보는 관조의 한순간
그 한순간을 얻기 위해 내가 견뎌야 할 것은
두 번 다시 지상에 내려오지 못한다는 사실이다
그러니 저 달그락거리는 생활의 역설 속에서
끼룩끼룩 기러기 울음이 이토록 선명하게 들리는 것이다
기러기는 역설을 운다

딸에 대하여

내가 낳은 내 딸과 바꿀 수 있는 것이 있을까
피붙이라는 말 너머 피가 출렁거리는 인연의 늪을 지나
나는 딸이라는 존재가 어머니보다 더 어머니 같다
거기가 인생의 끝이라면 좋겠다
딸 하고 불러보는 순간 사라지는 딸
그 안에 아들도 있다
아들은 숨어서 우는 짐승
아직 딸은 아니되었다
내가 딸을 낳고 딸이 다시 나를 낳기를 원한다
딸은 지금 어디 있느뇨
난 자꾸 너와 연기를 하는 것 같다
수많은 딸들과 더불어
내게 접시를 던지는 아내도 내 딸 같다
내게 딸로서 금지된 건 아무것도 없다
아무것도 보이지 않는 두꺼운 커튼 같은 딸
밥상을 차려주는 딸을 지켜보며
난 눈 그친 겨울날의 찌푸린 날씨처럼
내 모든 과거가 그칠 것을 믿는다

그리고 얼마 후 폭풍을 동반한 눈보라 속에서
영원히 실종되었다는 뉴스가 전해지길 바란다

유모차가 있는 풍경

 어느 새댁이 유모차에 태우고 가는 갓난아이의 눈동자를 들여다보면
 거기 전생은 없다

 있어야 할 것이 전생인데 그게 없는 것이 인간 탄생의 설화다
 어디서 와서 어디로 가는지가 깨끗하게 지워져 있다
 그걸 구태여 천진이라고 말할 게 없다
 그 눈동자에서 사계(四季)를 읽을 게 무어겠는가

 아이가 태어나기 위해 남자와 여자가 살을 섞는 수고를 하였다지만
 그게 전부는 아닌 것이다

 남자와 여자가 이불 속에서 집 한 채를 짓는 동안
 어느만큼은 초자연의 꿈이 농사꾼의 쟁기질처럼
 인연의 텃밭을 갈아엎었던 것이다
 신의 손이란 그런 것

유모차는 갓난아기를 태운 채 천천히 굴러가고
자식농사란 말이 내 몸으로 냉큼 들어와 가을 햇살을 쬐고 있다

하여간

 어쩌면 둘이 한 비행기에 탈 수도 있을 것이다 하여간 잘만 하면 둘은 아주 모르는 사이이긴 하지만 내가 둘을 잘 아는 사이라서 둘이 한날한시에 인천공항으로 간다는 걸 내가 알고 있는지라

 인도로 간다는 철문이, 네팔로 간다는 홍성이 하여간 그쪽이 그쪽 아니겠는가 서쪽으로 서쪽으로 둘 다 서쪽으로 뭘 삭이러 간다는 건지 뭘 잊으러 간다는 건지 하여간 둘을 연결시켜준다는 걸 깜박 잊고 차일피일하다가 떠나는 날짜가 오늘인지라

 새벽에 숙취로 깨어 둘을 떠올리며 둘은 어찌어찌해서 하늘에서 만난다든지, 땅에서 만난다든지
 하여간 그 높다는 히말라야 트레킹 길목에서 슬쩍 옷깃을 스쳐갈지

 나는 함께 못 간다 했거늘 티베트 어디쯤 있다는 아리라 고갯마루 거기 인도라면을 끓여주는 토막에 들어가 비도

피할 겸 해장술도 한잔할 겸 웅크리고 앉아 하여간 서로가 서로를 모르는 채로

  함께 가지 않아도 둘이 서로 인연이 있다면 서로가 서로를 어디서 본 듯한 낯빛으로 은근슬쩍 쳐다보다가 하여간 함께 오지 못한 나를 떠올리는 순간 서로가 무엇에 끌려 라면을 앞에 두고

  인생이란 게 필경 돌고 도는 소꿉장난 같아서 둘이 서쪽에 가 있는 동안 긴 댓가지 하나 찾아가지고 내 울타리 쪽으로 넘어온 남의 집 홍시나 따야겠다 하여간

개망초

생각해보면 아찔해라

유채꽃 피는 그 봄날, 식구들은 모두 결혼식장으로 몰려가는데 할머니는 노망기가 있다 하여 대문을 굳게 걸어잠근 집 안에서 머리에 꽃 한 송이 찔러두고 얼마나 허허로웠을 것인가

명색이 손주놈 결혼인데…… 연지곤지 찍고 열세살에 열한살 꼬마 신랑을 앞에 둔 초례날이 까마득도 하였겠다 그때는 없던 것이 세상에 태어나 나는 신랑 입장 소리를 속으로 복창하며 웅성대는 하객들보다 집에서 혼자 놀고 있을 그 백치 같은 하얀 꽃 생각에 결혼도 부질없는 한때의 불쏘시개라는 걸음으로 입장 완료하였겠다

어쩌다 고향에 가면 무덤가에 핀 개망초가 그날 하얀 머리에 찔러둔 꽃마냥 아릿한 게 내 살아온 것은 뒤로 물러나고 가느다란 꽃대에 얹힌 개망초 한 송이가 삶 속으로 성큼 들어와 화들짝 피어 있다

산다는 건 아찔해라

그러니 그날의 주례사였던 검은머리 파뿌리가 되도록 어쩌란 말인가 난 개망초에 달라붙어 거푸집을 짓고 있는 거미 한 마리 그러니 아찔해라, 거미줄에 걸린 사랑아 예나 지금이나 결혼 같은 게 무어냐고 차마 말하지 못하였다

저녁 먹고 한 바퀴

저녁 먹고 공원을 한 바퀴 돌면서 생각한다
한 바퀴라는 이 순환이 삶의 배후라는 게 비극 아닌가
그러면서도 희극인 것은
방금 지나친 한 여자의 얼굴에서 옛 연인의 얼굴이 떠오른다는 거다

지나고 보니 과거의 행적들은 너무 작위적이다
우연이라고 할 만한 일이 실은 필연이었으므로
필연에는 좋든 싫든 악의적인 구조가 있기 마련이다

인연이란 사람이 불완전하기 때문이다
불완전하기에 살 만하지 않느냐고 말하고 싶지 않다

모든 흘러간 것들은 가슴에서 연기로 피어오른다
아니, 만남에도 연기는 필요하다
그때는 시선과 시선이 맞부딪쳐 연기가 피어올랐다

연기 속에서 얼굴의 음영은 지워지고 문득 유령처럼 모

호해졌다
 그때 알아차렸어야 했다
 우리는 가늘게 피어오르는 연기 속에서 연기(演技)를 하고 있다는 것을

 지금은 말할 수 없는 것들이 몸속의 모든 뼈를 하나하나 건드린다

 이렇듯 공원을 한 바퀴 도는 동안 나는 나를 학대하고 있는 것이다
 자학의 방식은 더욱 가혹하다

 가령 공원 벤치에 앉아 책을 뒤적이는데 비둘기 한 쌍이 되똥되똥 다가온다
 에잇, 독서 방해군
 책에서 눈을 뗀 탓이 비둘기에게만 있는 것도 아닐 텐데
 다시 들여다보니 글자들이 드문드문 빠져 있다
 내 심상 속 비둘기가 활자를 쪼아먹은 것이다

공원 한 바퀴는 내겐 뒤틀린 심사의 순환인 것인데
내가 마지막까지 붙든 심사가 무엇인지는 기억나지 않는다
하늘이 붉은 해를 낳기 위해 다시 어두워오듯
나는 암전 상태로 마모되고 있다

합승

합승택시로 돌아가는 밤
합승이라는 게 타인의 삶 속에 나를 방기하는 묘미가 있다

한국 표준이라는 4인 가족의 행로라는 점에서
온 가족이 웃음꽃을 피우는 아랫목이 그립다는 점에서

승객 모두 꾀죄죄한 차림에 시큼한 술냄새는
지난한 생활사의 반영이다
헝클어진 머리카락에서 굴욕이라는 하얀 단어들이 부스스 떨어진다

게다가 모두들 무표정으로 졸고 있다
자비가 통하지 않는 더욱 현실 같은 현실
지상에는 섣부른 것도 하찮은 것도 없다

대체 여기가 어딘가
아직 멀었는가
새벽 두시에 한차를 탔다는 인연과

아무도 말을 걸지 않는 고적함이 나쁘지 않다

하품이 연신 터진다
입이 찢어지는 몰입
나도 모르게 얻는 희귀한 통찰

낮과 밤은 그래서 비기는 거다

다음 순간 통찰은 온데간데없다
복기하려 해도 떠오르지 않는다
낮과 밤이 비기는 거라니
비긴다는 말이 어떻게 성립할 수 있는 걸까

비긴다는 말을 붙들고 합승객들을 바라본다
비긴다는 말이 한국 표준이라는 4인 가족의 행로와
온 가족이 웃음꽃을 피우는 아랫목이 그립다는 말과
상관이 있는 것만 같다

더욱 불가사의한 것은 합승이라는 말이 안방처럼 든든해져오는 까닭이다
　밤의 깊이에 비해 생각은 졸렬해진다

제3부

병사들은 왜 어머니의 심장을 쏘는가

 죽은 병사들이 학이 되어 날아갔다는 러시아 가요 「주라블리」*의 가사는 진부하다
 죽은 자는 죽은 그 자리에서 한 발자국도 떠나지 않는다
 주라블리의 하얀 날개에 피가 묻어 있는 것은 이 때문이다

 전선에서 불똥이 튈 때 어머니는 군화를 신듯 두꺼운 양말을 조여신고 일어선다
 어머니의 일생은 이미 패배한 것이어서 자식을 찾아오기 전에는 다시는 앉지도 눕지도 않을 것이다

 흔히 죽은 자의 영혼은 날아오른다고 하지만 문제는 대지에 남은 육신이다
 뼈와 살과 흥건한 핏물……
 자작나무는 영혼이 빠져나간 시신을 뿌리로 휘감으며 자란다

 자작나무숲에 들어가보면 안다

잘박이는 낙엽을 밟는 순간 물컹하게 풍기는 피비린내
하늘은 어둡고 자작나무 껍질은 은박지처럼 반짝이는데
거기 맺혀 있는 건 어머니의 눈물

체첸에 파병된 아들을 찾아나선 병사들의 어머니회원들이 모스끄바에서 그로즈니까지 도보시위를 벌일 때 그들의 손에는 흰 깃발이 들려 있었다
누군가 중얼거렸다
자작나무 밑에 시체가 썩고 있다고

가슴의 붉은 리본은 아들의 전사통지
산 아들이 아니라 죽은 아들을 찾으러 가는 어머니들의 걸음은 이미 총알 빗발치는 전장을 밟는다

아들의 시체를 찾아 헤매는 동안 어머니의 얼굴엔 수염이 자란다
그리하여 모든 병사들은 적군이 아니라 어머니의 심장을 쏘는 것이다

적군은 앳된 얼굴의 체첸 전사가 아니라 그 병사의 어머니며 어머니의 심장이다

  언 땅으로 눈발은 흩날리는데 거기 반쯤 묻혀 무엇인가를 움켜쥐려고 내뻗친 시신의 손목
  어머니들은 얼어붙은 손목을 중심으로 둥글게 모여든다

  우리는 알고 있다
  주라블리들이 떼지어 겨울 하늘을 날아가는 저 진부한 노래가
  왜 어머니의 심장 속에서 흘러나오는지를

  * '백학'의 러시아어

흐린 날의 풍경

날이 흐리고 건물들이 젖고 있다
건물 속에서 사람들이 꿈틀거리고 있다
비가 올 것 같아 꿈틀대는 벌레처럼
비는 오지 않는데 비는 이미 오고 있다

건물들이 모든 창문을 활짝 열어젖히고 아악, 비명을 지른다
건물들이 한데 엉겨붙어 흐느적거린다
날이 흐리고 건물들이 지워지고 있다
사람들이 빗방울처럼 후둑후둑 쏟아져나온다
입에 벌레를 물고 있는 사람들

모두들 휴대전화를 꺼내들고 조난을 타전한다
모든 창문에서 하얀 종이비행기가 요동치며 날아온다
종이비행기를 주워 거기 적힌 글자를 읽는다
— 아무도 집에 돌아가지 못하리라

키스라는 물건

사람의 입을 보면 슬퍼진다
무엇을 먹어야 사는 게 입이다
인구(人口)라는 말이 정치나 경제 어디쯤의 용어라서
얼굴 하관에 정경문제로 뻥 뚫린 동굴처럼
캄캄해지는 게 또한 입이려니 하는 생각

먹는 문제로부터 자유로운 게 빠알간 입술이다
입술에 입술을 갖다붙이며 쪽쪽거리는 사랑의 촉수
입안에서 젖은 손이 나와 다른 손을 마중나가는
이 행위예술은 입을 가장 입답게 해방시킨다

점막이 점막을 밀고 들어가는
혀끼리의 아득한 포옹
타액에 스민 내면의 흐느낌
혀끝으로 슬픔을 핥고 싶다는 생각

언제라도 키스라는 물건을 만나면
열심히 하는 시늉을 해보다가 그냥 슬그머니 혀를 빼서

이 인구의 예술을 아주 작파해버리고 싶다는 생각

내가 무언가에 허기져 있다는 게 흉해 보이는 고요한 아침이다

문밖의 남자

인생은 매운 거라는 한 시기(時期)를 갖는다

세월은 마디가 있어
마디에서 마디로 넘어갈 때
놔버릴 수도 잡을 수도 없는 모호함이
때로는 청양고추를 베어물듯
더 매울 수가 있는 것이다

잠긴 문이 열리지 않을 때
그 안의 사람은 울고 있다
두드려도 응답이 없을 때
문은 사람보다 더 울고 있다

문을 사이에 두고 문 안의 사람과
문밖의 사람은
서로 다른 나이를 먹는다

내 안에 웅크리고 있는 짐승

때로는 포효보다 가느다란 흐느낌이
더 매울 수가 있는 것이다

내 하나의 서부전선

매년 생일이 돌아오면
내 늑막은 썰물과 밀물이 교차하는 침윤지대가 된다
이름하여 레마르크의 『서부전선 이상 없다』식 침윤

사랑하는 여인의 편지를 가슴에서 꺼내 읽는
젊은 병사를 관통하는 총 한 발
편지는 개울로 떨어져 출렁대며 흘러가고
주인공은 1918년 가을의 어느 고요한 날에 전사함으로써 수기는 끝나지만
그날 사령부의 전황에는 서부전선 이상 없다라고 기록되었을 뿐이다

모자와 썬글라스와 담배 파이프와 상륙
이른바 매카서 식 페이소스
노병은 죽지 않는다 다만 사라질 뿐이다
왜 젊은 병사는 죽고 노병은 사라지는가
청춘은 연애편지를 떨어뜨리며 죽고
노병은 파란 담배연기를 뿜으며 사라지는가

사랑은 사라져야 하는가 죽어야 하는가

상념들이 생일에 와서 부딪치고 있다
날이 새려면 멀었는데
내 늑막은 허물어지고 있다
영화는 끝나가는데
나는 서부전선 이상 없다라고 말할 것인가
모든 스토리가 한 발 총소리로 흩어져버리는
이 대담하고 섬세한 종결에서 무엇을 배울 것인가

사랑과 전쟁 혹은 사랑에 대한 전쟁 그리고 레마르크의 반전소설
새벽부터 담배연기를 뿜으며 생각한다
사라지는 것은 죽음보다 강하다
나는 내가 사라지는 모습을 눈으로 본 것처럼 소름이 돋는다

우리가 가장 잘할 수 있는 사랑

우리에겐 식탁도 밥상도 없었다
맨바닥에 와인 한 병, 술잔 하나
치즈의 포장지를 벗기는 너의 손에서 착착 소리가 새어
나왔다
너무 웃기지 않니
그게 무슨 살림이라고
너는 복잡한 사랑은 싫다고 했다
그게 무슨 상관이니, 곧 기나긴 겨울이 올 텐데
미친 바람이 거리를 불고 갈 텐데
너는 냉장고 문을 열고 겨울을 먼저 보여주었지
거기 어제 먹다 남은 음식들
모든 식기에 랩이 씌워져 있었다
우리에게 씌워진 이 투명한 불투명
그러므로 솔직해지자
우리에게 식탁이나 밥상이 없다는 게 문제가 아니라
봄이 올 때까지 이 겨울의 사랑을 어찌 껴안을까
몸은 더운데 사랑의 바닥은 차갑구나
사랑아, 낙엽이 모두 떨어지기를 기다리자꾸나

그리고 기억하자
이 지난한 방 한 칸의 사랑을

풀밭 위의 식사

결핍은 저항을 낳고
저항은 세상을 떠돌게 만든다
안주가 없는 떠돎

내가 뛰놀 풀밭은 중앙아 초원
거긴 말뚝이 없어 좋을 것이다
염소똥이 지천으로 깔려 있는 곳

난 염소를 좋아했다
훌륭한 뿔에 나이테
완벽한 드러냄, 드러남
뿔은 어떤 실감일까

뿔만 봐도 염소가 된 기분
기분만 있을 뿐
난 두 다리로 뚜벅뚜벅 걷는 직립보행인

뚜벅뚜벅은 도시에 어울리는 음향

애초부터 직립이라는 불가능한 장애가
인간에게는 있는 것이다

모든 게 불명확해서 좋은 인생
풀밭 위의 식사
별이 총총거리는 풀밭
염소울음이 들리는 풀밭

풀밭은 무엇에 대한 저항일까
사람을 떠돌게 하는 풀밭
폭발하는 풀밭
풀밭을 떠나면 죽음이란 걸
염소울음을 들어보면 안다

희미하지만 황홀한

횡단보도를 건너는데 딱정벌레 같은 다마스가 멈춰선다
문짝에 방역이라고 적혀 있다
방역이란 글자가 주술처럼 이마에 붙어 떨어지지 않는다
옛날엔 마녀들이 붉은 인주로 부적을 쓰고 사람의 운명을 방역했는데
요즘은 보건소의 딱정벌레 같은 차가 방역을 하러 돌아다닌다
달랑 펌프 하나에 둘둘 말린 호스가 방역의 기제다

내가 방역해야 할 무엇
어떤 정조 개념에 대한 방역이랄까
처용이 목격한 이불 속 다리 네 개에 대한 방역
자본이 자본을 잡아먹는 천박한 자본주의에 대한 방역
내가 자고 나온 방 한 칸의 우울에 대한 방역
미래보다 과거 쪽이 훨씬 힘이 센 나이듦에 대한 방역

횡단보도의 빗금 한 칸 한 칸마다 잔혹하고 쓸쓸한 방역의 역사가 적혀 있다

희미하지만 황홀한 방역
지워질수록 더욱 선명한 방역
옛사랑이 현재의 연애관을 방역한다
어젯밤에도 오늘밤에도 달이 떴다
하늘에 쓴 방역이다

어떤 산행

오늘도 오봉에는 가지 않았다
북한산 대신 삼각산이란 이름을 되찾자는 전단을 밟고
겨우 우이암까지 가는 동안 다섯 번이나 좌절했다

쉬지 않고 오르자는 작심이 무너지는 깔딱고개 마루턱에서
　오봉은 멀었다
　멀리서 보면 젖꼭지 다섯 개를 가진 여자
　누가 자근자근 씹다 만 다섯 개 유두를 건드리지 않고 넘어갈 자신이 없기로서다

　저 젖꼭지들을 물고 가을만큼 나이 든 산
　전라로 누운 여자의 엉덩이께를 조심스럽게 건너가며 야호!
　그러나 소리가 없다
　가을 하늘 아래 아픔은 없다

　몸에 낙엽이 달리는 부스럭거림을 가만히 듣고 있던 나

무들이
　서로 마주서서 웃는다
　흐뭇하다
　느닷없이 비가 내려 더욱 흐뭇한 산행
　세월에 젖는 기쁨이란 게 이런 것이라고 위안하면서 비는 내리고
　오봉은 더욱 야하게 반들거린다

　하산길에 이만한 축복이 없다
　걸어온 길이 적당히 보이지 않는 하산길
　올라갈 일도 내려올 일도 없는데 오늘도 오봉에는 가지 않았다

어느 가을날

수족관 앞에 멈춰선다
빨간 금붕어떼가 놀고 있다
제법 날쌔게 헤엄치는 게 갓 넣은 것인가보다
국적도 이름도 주소도 없는 물고기들
물속에 소속되어 있다는 것만 진실
그 어디에도 속하지 않았다는 게 더 진실

갇힌 줄도 산소가 모자란 줄도 모르고 그냥 사는 것
빨간 시체로 떠오를 때까지 계속 움직이는 것
수족관에서 정지는 죽음이니까

뻘쭘하게 서 있는 내가 수족관에 슬쩍 비친다
사람들에게 떠밀려 지하철 입구로 빨려들어가는 모습도 보인다
그렇다고 술집을 찾아갈 게 뭐겠나
지금은 물속을 헤엄치는 크나큰 슬픔을 지켜볼 뿐
그거면 됐지, 뭐
집에 가면 가자미나 튀겨서 한잔

어떤 흐느낌도 멈춘 정지의 한때

종로 피맛골이 뜯긴다 하여 퇴근길에 가보았다
초입의 빈대떡집에 들어가 딱딱하게 앉는다
딱딱한 자세인 만큼 의자는 비좁다

뜯긴다는 소문을 듣고 찾아온 단골들이
다닥다닥 붙어 씨부리는 소음 속에서도
조용한 한순간이 뻥 뚫린다

파전이며 굴전이며 양파 쪼가리를
계통없이 입에 처넣고 있는 피맛골의 재건이
대한제국의 패망사와 겹쳐진다

 황후를 난도질한 사무라이가 사체에 기름을 부어 태우는 연기가
 지짐판에서도 피어오른다
 패망의 추억은 역겹고 느끼하다

 재건은 무엇을 위한 근대화일까, 골똘해질 때

껌 파는 노파가 그 시대의 대역처럼 찾아든다
천원짜리 지폐가 없는데 가지 않는다
집요하기로 말하면 황후보다 노파일 것이다
나는 노파를 외면하며 막걸리잔을 비운다

노파의 껌을 사줄 천원짜리가 없는데
피맛골의 재건 따위가 무슨 소용이랴
내 거절의 눈빛이 시간의 벽에 구멍을 뚫는다
백번을 찾아온다 해도 난 죄책감을 느끼지 않을 것이다
결심을 할 때 노파가 눈을 흘기고 사라진다

노파든 황후든 내가 골똘해질 이유가 없다
피맛골이 뜯기는 것과 나는 아무 상관이 없을 텐데
골똘해지고 있는 내 자신의 강박이 우습다
황후를 지키지 못한 대한제국의 운명처럼
내가 지키지 못한 것은 무엇일까

가등 아래 행인의 얼굴이 어둡다

검은 물질이 골목을 지우고 있다
밤이 어두운 게 나와 상관된 것만 같다
내가 아쉬워한 건 뜯기는 피맛골이었을까, 뒤져도 나오지 않는 천원짜리였을까
내 눈동자 속 흔들리는 추억도 뚝뚝 뜯기고 있다

추석 전야

불가마 한증막은 사람이 없어 좋았다
눈을 감고 누워 공글리는 이 생각 저 생각
뚝뚝 떨어지는 땀처럼 생각들을 밖으로 꺼낼 수 있다면

모로 누웠던 몸을 바로 눕히는데
한 모녀가 들어와 두런거린다
— 엄마, 추석날 뭐하지? 큰집에 가면 음식도 많을 텐데
— 케이크라도 하나 올려놓으면 되지 뭐
실눈으로 보니 중년 아낙과 대학생 딸쯤 돼보인다

— 네 아빠가 살아 있을 때도 힘들었는데
   지금도 힘들구나
   사람들이 다 힘들어해
모녀의 말이 땀에 젖은 몸에 낙엽처럼 들러붙고
난 시체처럼 꼼짝하지 않는다

— 엄마, 나도 나이를 먹었다고 이제 좀 알 것 같아
   그래도 올핸 송편 좀 빚자 케이크보다는

난 모녀를 세상에 남기고 떠난 시체처럼 누워 있다

불가마가 우리 모두가 들어갈 관처럼 느껴졌다
모녀의 대화에 시체도 땀을 흘린다

고적한 설거지

아무도 없는 집에서 설거지를 한다
살림이란 게 설거지에서 완결된다지만
완결이라는 말이 아프다
그런 게 있을 수 있을까

집 안을 둘러본다
헝클어진 이불, 무릎께가 닳은 추리닝,
윗목에 돌돌 말린 양말짝
이 모든 게 살아왔다는 증거처럼 구구절절하다
설거지는 구구절절에 대한 즐거운 설명이다

젓가락 한 짝과 수저 하나로 남은 생
붉은 고춧가루 하나가 아프게 찍혀 있다
설명보다는 실명에 가까운 고적한 설거지

눈이 어두워서가 아니라
전깃불을 끄고 나가야 하는데
설거지하다가 나는 모른다

전등을 끌 손가락이 어디에 있는지
그게 내 손안에 있기는 있는지

그릇들이 딸그락 소리를 내며
설거지하는 나를 개관한다
젖은 손으로 이마를 짚어본다
차갑다는 느낌이 내 삶의 온도다

구정의 상념

구정이다
2월에 1월을 다시 맞는 난쎈스의 계절이다
시차로는 신정과 한 달 차이지만
신력과 구력이 함께 인쇄된 달력은
어느만큼 시대착오를 일으킨다
그럴 때 벽시계를 바라보면
시대착오적 모순이 시침과 분침의 가랑이에
불길한 피처럼 묻어 있다

 구정과 신정이 함께 있다는 게 근대와 현대를 잇는 오작교라도 되는 듯
 그게 문화의 이중성이자
 생산성 강화 아니면 소비 강화의 측면이 있다는 걸
 나는 달력을 걸기 위해 벽에 못대가리를 치면서 알게 된다

 한 해의 기산점이 이중구조라는 사실 앞에서도
 달력의 생래적 모순을 타파할 수 없듯

내 생의 모순 역시 타파할 수 없다
탄생하지 않은 계절이 탄생한 계절을 개관하게 만드는 모순
구정 차례상보다 자동차 꽁무니에 매달려가는
길바닥 감정이 더 구정 같다는 정서상의 모순 따위

나 태어나 4·19와 5·16이 있었지만
그건 간밤에 내린 비와 같다
내가 직접 맞지 않은 비로 인해
내가 걸어온 반세기의 길은 내내 젖어 있었다
때로 빗물이 아니라 핏물이 웅덩이를 만들기도 했다

역사가 환멸인 건 이 때문이지만
이 환멸을 타파할 수 없으니
나는 모순과 환멸을 앞에 두고
달력의 첫장을 찢음으로써 다시 1월을 맞는다

뻬쩨르부르그로 가는 마지막 열차

볼가강이 진홍색 잔광을 반사하는
해 지기 십분 전
난 식당칸에 앉아 있고 열차는 간이역에 멈춰섰다

역 건물이 묘하게 낯설지 않았던 것은
고향의 농가와 흡사해 보였던 때문만은 아니었다
플랫폼에는 금발 처자가 여행가방에 걸터앉아 울고 있었고
역 안내판이 눈에 들어왔다
— 말년의 레닌이 휴양하던 곳
이걸 읽기 위해 해가 지는 건 아닐 테지만
대체 레닌이라니

실패한 건 레닌뿐이 아니다
한인혁명가들의 꿈도 물거품이 된 지 오래다
이동휘 홍범도 박진순 김아파나시 홍도 김규식 여운형
이 역을 지나 뻬쩨르부르그에 당도했을 이름들
동방피압박민족대회가 열린 1920년

피압박이라는 단어에서 구시대의 유물처럼 녹냄새가 난다

이제 와 미완의 혁명을 회상하는 건 부질없다
이루지 못한 꿈이야 두 줄기 철로변에 얼마든지 나뒹군다
차라리 플랫폼의 불빛이 애처롭고 처자의 등뒤로
어린아이의 손목을 잡고 서 있는 남자가 애처롭다

그들은 왜 작별해야만 했을까
지금은 미완의 혁명 따위보다 그들의 작별을 더 궁금해 할 때다
떠나기 위해 머무는 삶
집시의 시간 같은 것

열차가 처자를 싣고 서서히 움직이기 시작할 때
이끼 낀 급수탑 하나가 눈에 들어왔다
지금은 어떤 열차도 급수탑 아래 정차하지 않지만
급수탑은 알고 있을 것 같았다

외로운 급수탑 하나가 모든 이야기의 중심으로 서 있던
해 지기 십분 전
열차는 식당칸의 접시들을 달그락거리며 미끄러져갔다

제4부

은유적 반성

겨울 강가에 내려가
얼음에 쌓인 눈을
구둣발로 걷어내다 소스라친다

얼음 밑에 떠오른
삼만년 오만년 전에 죽은 내 얼굴

마구 헝클어진 머리카락
둔기로 얻어맞은 듯 뼈가 내려앉고
피가 응고된 채 심하게 뒤틀린 코
푸르딩딩 얼어터진 입술
깨진 이빨 사이로 축 늘어진 혀

어디로 흘러가지 못하고
해부학 강의실 알코올병에 잠긴 듯
오래전 빠져죽은 그 자리에서
결빙된 채 떠오른 아비규환의 두상

마지막 순간, 무엇을 보았을까
한쪽 눈에 박힌 돌멩이 하나

자정에 일어나 앉으며

폭풍 몰아치는 밤

빼꼼히 열린 문이 꽝 하고 닫힐 때

느낄 수 있다

죽은 사람들도 매일밤 집으로 돌아오고 싶어한다는 걸

내 흘러간 사랑도 그러할 것이다

감자를 벗겨 먹는 네 개의 입

횡단열차를 타고 시베리아를 건너는 일가족
그들을 데려가는 것은 기차 바퀴가 아니라
차창을 스치는 바람과 젊은 아버지와 어머니의 침묵과
그 사이에서 일렁이는 슬픔이라 생각되던 것인데
구멍 난 양말이며 올 풀린 소매며 울음을 참는 소녀의
커다란 눈망울이 밝아진 것은 기차가 간이역에 정차했
을 때다

주릇이 늘어선 장사치들 사이에서
피어오르는 감자솥의 자욱한 훈김이
기차가 울면서 정차해야 하는 이유인 듯
허망한 표정을 짓고 있는 가족의 창가에 서리고
어린 딸의 손목을 잡은 아버지가 복도를 지나
삶은 감자를 사온다

김이 모락모락 나는 감자를 벗겨 먹는 세 개의 입
감자도 입도 모두 이응자로 웃는데
그에 비하면 내 입은 미음자다

소금을 찍어 건넨 감자 한 알에 겨우 미음을 면한 나는
곧 출발한다는 안내방송을 뒤통수에 붙인 채
흑빵에 딸기잼에 돈육통조림에 쪽파를 가슴에 안고 돌아온다

반으로 자른 흑빵에 잼을 바르고 돈육을 끼우고 쪽파를 얹자
네 개의 입은 이내 히읗자로 벌어진다
어디서 와서 어디로 가는지 아무도 묻지 않는다

생각건대 국적이나 배고픔이 우리를 슬프게 한 것도 아니다
꾸르륵대는 창자 소리며 빈약한 식사라고 해서 억울할 것도 없다
슬픔을 벗기듯 감자를 벗겨 먹으며 생각한다

돌아갈 곳이 없다는 것

구멍 난 양말이나 올 풀린 소매처럼
존재에 금이 가서 기차의 울음이
자꾸 새어들어온다는 것
히읗자가 이응자로 이응이 미음으로
자꾸만 닫히고 있다는 것
내가 당도할 곳의 밤과 낮이
결국 헛되리라는 것

차가운 쇳조각으로서의 철길이
가족의 시선 안에서 출렁이는 눈물처럼
마디마디 끊어진다 한들
삶은 확실히 슬픔과 중력의 자식일 것이니
기차가 슬픔을 길게 가로질러가듯
이 모든 것 너머에 우리는 존재한다

문짝

절집 뒷마당에 두살배기 개가 묶여 있다
마당에 들쥐가 끓어 갖다놓았다는 수컷
두툼한 앞발로 흙탕질을 하며 잠시도 가만있질 못한다
마침 발정기여서 사타구니에 새빨간 남근이 들락날락, 꼬리까지 발발거린다
끼니때마다 밥을 주는 이도 수컷이다
네팔에서 건너온 셸파족
서쪽에서 왔다고 붙여준 이름이 서래(西來)다
이태째 부엌 살림을 맡고 있는 공양주
밥 주러 갔다가 쪼그리고 앉아 장난을 치고 있는 서래의 눈동자에 얼핏 퍼런 인광이 인다
카트만두에 두고 온 처자식 생각
두 수컷끼리 동무 삼아
쏟아지는 햇살만큼이나 무진무진한 적적함을 달래는 것인데
세상이 하필 암컷과 수컷으로 갈려져 있다는 게 오묘하기도
교미의 방법을 생각하면 징하게도 느껴지던 것인데

이태째 그걸 못한 심정이야 오죽할까
그 들락거리는 새빨간 남근이 궁금도 하고
이태째 참아낸 견공이 대견키도 해서 슬쩍 끈을 풀어놨거늘
해우소에 갔다 방에 들면서 보니 청개구리 한 마리가 미닫이 문짝에 끼어 죽어 있다
하얀 배때기며 뒷다리가 아직 촉촉한 게 아까 문을 닫을 때
개에게 쫓겨 폴짝 뛰어든 게 하필 문짝이었다
절집에 앉아 떠올린 황홀한 짝짓기가 살생으로 번진 내력은
아무리 생각해도 알 수가 없고 다만 한 가지
나도 죽을 때 어떤 문짝에 끼어 있을 거라는
죽은 청개구리를 손바닥에 받쳐든 나를 보고
서래는 낄낄대며 웃고 개는 남근을 넣었다 뺐다 하고
나는 수염 뽑힌 들쥐처럼 쪼르르 마당을 건너가고

봄

지금은 없어진 광주 서방 직통버스 차부 안
오일장 대목이라 오가는 사람은 득시글득시글
차장은 버스 옆구리를 주먹으로 탕탕 두드리며
오라이 오라이를 연발 또 연발
버스가 출발하지 못하고 공회전을 돌리며 씩씩대던 것은
바퀴 앞에 털퍼덕 주저앉아
팔랑팔랑 치마를 뒤집어 보이던 실성한 여자 때문이었는데
남산만한 배를 쓸며 해죽해죽 웃던 그 여자
버짐 핀 듯 오줌이 하얗게 말라붙은 그 아랫도리
구경거리라도 난 듯 차에서 내려
그 깊숙하고 검붉은 샅을 뚫어져라 쳐다보던 사내들은
모두 제 저지른 일처럼 얼굴이 벌죽해져 올라왔는데
여자는 울다가 웃다가, 웃다가 울다가
가끔 간과 쓸개와 콩팥이 몸속에 있다는 것을 잊고 살아가듯
그 여자 얼굴은 잊었지만
봄바람 불면 그 아랫도리에서 풍기던 지린내라도 맡을 것처럼

코가 저절로 실룩거리는 것은
여자의 살갗 밑에도 봄이 오고 있었던 것인데
너무 빨리 살아버린 그 봄날처럼
세상에 없는 그 여자가 지금 커다랗게 입을 벌려 웃고 있다

플랫폼에서

내가 앉아 있는 곳은 혼자라는 이름의 의자
딱딱한 의자만큼이나 나는 굳어간다
누구에게 내 슬픔을 이야기하나
내 안에서 슬픔이라는 벌레가 기침을 해대는데
담뱃불을 붙이다 말고 내가 자고 나온 집과 마을의 발목을 감고 피어오르는 안개와
밟고 지나온 길의 하얀 서리에 대해 생각한다

아직 어스름한 새벽
건드리면 주위가 쨍 하고 갈라질 듯 춥다
안개가 가로등 주위로 올라온다
백년쯤 켜지 않은 듯 가로등 불빛은 녹슬어 있다
까만 침목에는 찌든 디젤유 냄새
갑자기 첫차를 타야 할 이유를 알 수 없다
삶을 이해할 수 없다

12월이 며칠밖에 남지 않았다는 것
해가 바뀌어도 새로운 나날은 없다는 것

용서할 것도 용서를 빌 이유도 없다는 것
성탄절 종소리로 머리가 지끈거린다는 것
모든 게 안개 속에서 흐물거린다

기차가 바람을 몰고 들어온다
안개는 이내 흩어지고
 딱딱한 의자에 앉아 있는 나를 슬픔이라는 벌레가 야금야금 갉아먹고 있다

만리동 언덕길

삼십년 전 만리동 언덕 위 B고교에 입학했지만
내 학교는 차라리 담장 없는 언덕의 경사였는지 모른다
책에서 배운 게 있더라도
갈래 많은 골목길을 오르내리는 행군의 나날들에 비해 초라했고
예나 지금이나 그건 내 인생의 기울기인 양 간주되었다

요즘은 버스를 타고 언덕을 넘지만 그때는 숨을 헐떡이며
지정학적 배려가 전혀 없는 공화국의 단순한 작동원리에 침을 뱉었다
학교를 다녔는데도 왜 아무 배운 게 없다고 느껴질까
언덕은 답을 아는 것 같았다
고교평균화와 공동학군이라는 단어의 조합
평균화된 난쟁이가 된 듯 부아가 치민다
사기를 당해 몽땅 털린 기분

안절부절하기는 그때나 지금이나 마찬가지다
가끔 이 언덕길을 피해 지하철을 타기도 하지만

삼십년 문명이란 게 고작 땅굴을 파고 전동차를 집어넣어
지하의 귀신들을 내쫓는 데 불과하다는 생각에
다시 언덕길로 되돌아오곤 하는 것이다

언덕이 내게 가르친 건 살아갈수록 위기라는 엄연한 사실이다
그 기울기가 애초에 황망했으나 나의 아름다운 근대는
생의 오르막과 내리막을 지배하며 길게 드러누운 이 언덕길인 것이다

향산호텔에서 밥이 넘어가지 않던 이유

평양에서 묘향산까지는 차로 두 시간
물 맑은 청천강이 평남과 평북의 경계를 이루고 있다는
북한 안내원의 설명을 듣고 내다본 차창 밖으로
아이들이 강에서 멱을 감고 있었다
너무 멀어 얼굴은 보이지 않고 물기 자르르 흐르는
탱탱한 엉덩이만 하늘을 향해 봉긋봉긋 들치던 참인데
다섯 아이들의 은빛 엉덩이를 어루만지던 빛의 손바닥이
차창을 뚫고 들어와 내 뺨을 후려치는 것이었다
강물 속으로 휘어져 들어간 빛의 손바닥은
돌멩이에 붙은 이끼식물의 광합성을 돕다가
마침 남측 방북단의 버스를 발견하고 쏜살같이 달려온 것인데
 아무런 부끄러움도 타지 않는 거룩한 엉덩이를 보는 순간
 나는 강바닥의 이끼를 빨아먹는 송사리처럼 아가미를 벌려
 아이들과 나 사이에 가로놓인 거리를 먹어치우기 시작했다
 향산호텔을 향해 달려가는 버스 차창에는

내가 뿜어낸 산소 방울이 뽀글뽀글 맺히고
빛의 손바닥에 이끌린 나는 아이들이 물장구치는 강으로 내려간다
하얀 버짐이 핀 아이들은 너럭바위에 벗어놓은 옷을 주워입고
작은 엉덩이를 졸망졸망 흔들며 둑방을 따라 걷다가
보리싹이 패기 시작한 논배미 너머 허름한 농가로 들어간다
맏이로 보이는 아이가 부엌에서 옥수수죽을 데워
어둑한 방 안에 들이미는데 죽사발엔 숟가락이 네 개
나는 차마 방 안에 들어가지 못하고 마당에 우두커니 서서
죽을 떠먹고 있을 아이들의 입이며 눈동자를 떠올린다
밥이라는 것을 지어야 할 부뚜막으로 까만 쥐똥이 떨어지던 저녁
맏이는 해설피 툇마루에 앉아 쩝쩝 입맛을 다시다가
숟가락 소리가 끊기자 살며시 방 안으로 들어가고
마당에 내려앉은 어둠을 응시하던 내 눈동자에서는
두 줄기 횃불이 무참히 타오르던 것이었다

문상

고개 숙인 딸내미의 소복이 무참히 구겨진다
미망인은 엎드려 한참 동안 일어나지 못한다
망자가 지상의 직업을 끝내고 남겨놓은 얼굴들
어찌할 수 없는 슬픔의 광채가 이마에 박혀 있다
영정 앞에 쌓인 하얀 국화송이
마음 한구석에 미처 피지 못하는 울음이
한점 시든 꽃잎에 모아진다
문상을 가도 곡(哭)이 없는 세월
나를 위해서도 타인을 위해서도 울어본 적이 너무 오래다
영정 유리에 빛이 반사돼
고인의 얼굴이 절반밖에 보이지 않는다
하긴 벌써 귀신이 되고도 남을 시간
광학적 무의식의 표면만 싸늘하게 번쩍거릴 뿐
한 달 전 인사동 어느 술집에서 함께 마셨던
술잔의 모양이 아직 내 입에 물려 있는데
국물도 밥도 뜨지 않아 오목하게 빛나던 그 술상의 숟가락이
 망자와 나 사이에 둥둥 떠 있다

그나마 그날 술값을 치른 게 잘한 일이지 싶다
그곳이 어디든 부디 안녕!

뼈아픈 오후

혼자 남은 봄날 오후다
뼈아픈 오후
가끔 완전한 혼자이고 싶은 나로서는 절호의 기회
일상을 하나하나 지우기로 하고
어항의 산소제조기를 꺼버린다
꺼버리기로 말하자면 휴대폰이 첫째다
개수대 수도꼭지를 틀어막으면
천국보다 깊은 심해에 가라앉을 수 있을까
개와 고양이를 베란다로 내쫓고
문을 닫았는데도 나는 혼자가 아니다
벽시계 뚜껑을 열고 건전지를 제거한다
그래도 시간의 바퀴가 돌아가는 소리
내가 혼자일 수 있을 때까지 내가 제거해야 하는 건 무엇일까
꽃 피는 소리조차 시끄러워 창문을 걸어잠근다
그래도 천둥소리처럼 들려오는 벌과 나비들의 날갯짓
거실을 걸어가면 그림자가 질질 끌리는 소리
세계는 내가 없어도 성업중인 공장

혼자이고 싶은 나의 정적을 훔치는 자는 누군가
내가 놓여 있는 자리가 무시무시하다
다시 태어날 그날을 꿈꾸는 것과 같이
내가 나를 지울 수 없는 슬픈 장애다

마지막 삼종(三鍾)

애인은 기록되지 않는다
그건 인생의 커튼 뒤에 감춰진 어두운 그림자와 같다
그건 영원하지 않을 뿐 아니라 한 번도 펄럭이지 못하는 깃발이다
그건 대기의 흐름처럼 분명히 존재하면서도
결코 만져지지 않는 형체다
그때 첫번째 종이 울린다

가령 애인을 만나러 가는 골목의 전신주에서
파르르 떨고 있는 전단지를 보았다면
그건 애인 그 자체다
애인은 그토록 빨리 낡는다
사랑에도 기복은 있고 연애는 쓴약보다 쓰다
만나지 않아도 영원히 만나게 되는 이별 후의 나날들이
애인을 만나러 가는 발걸음에서 나부끼고 있는 것이다

누군가를 사랑하는 일이 이토록 지리멸렬한데
가엾게도 우리의 주인공은 애인을 만나러 가는 것이다

겪지 말아야 할 게 사랑의 길흉이겠으나
골목길을 지나 약속장소에 다다랐을 때
이 뻔한 사실을 잊어버리고 만다
그게 두번째 종이다

애인이라는 말에서 인간의 중력 이상의 무게를 느낄 때
사랑은 마지막 종을 울린다
하나의 골목길을 빠져나가기 전에 연애는 끝나고
죽은 행성처럼 어둠속에 둥실 떠 있을 뿐
애인은 기록되지 않는다
이게 사랑의 빈약한 기록문화의 모순이다
세번째 종은 누구를 위하여 울리는 것도 아니다

네 개의 주어로 남은 사내

　—페이퍼 타월은 물에서도 분해가 되지 않아 변기가 막히는 첫째 요인이 됩니다
　미화팀이 화장실에 붙여놓은 안내문에서 나는 주격조사가 네 개라는 사실에 실소하다가 딱 굳어버리고 만다

　한 문장에 주어가 네 개라는 게 한국어의 모순이지만 그 모순에 내가 섞여든다
　주어 네 개의 문장처럼 어설픈 게 나였다

　어설픈 문장만큼 삶도 어설프고 상투적이다
　상투성과 싸우기 위한 주어 네 개로의 분열일까
　네 개의 주격조사가 환기하는 다인격이야말로 정신질환의 일종이다

　야생초가 무성하게 자라는 산비탈처럼 자유분방하고 야성적으로 나를 꾸려가고자 할 때
　선택할 수 있는 건 네 개의 주어들을 버리는 것이다

다중 자아 현상은
누구라도 감기처럼 앓다가 마는 증세겠지만
내 경우엔 우연한 시작을 무연히 끝내지 못하는 인연의 잉여가 징소리를 내고 있는 것이다

잉여가 멜로로 변할 때 소문은 떠돈다
사랑은 애증을 낳고 애증은 오해를 낳고 오해는 돌이킬 수 없는 결별로 변주된다
그게 네 개의 주어로 남은 사내의 결말이다

결말 이후에도 결말은 있다
소문에 따르면 사내는 난파되었다고 한다
산산조각난 뱃조각을 타고 어느 해안가에 도착했다는 후문
스스로를 유폐시킨 외딴 섬에서 쓸쓸히 죽음을 맞았다는 후문
그게 네 개의 주어로 남은 사내의 진정한 결말이다

아직 도착하지 않은 당신

도착할 시간이 훨씬 넘었는데
연착 방송도 없고
당신은 오지 않고 난 먼지 자욱한 대합실에 앉아 책을 뒤적인다

조선조 땐 국왕이 즉위하면 그때부터 왕의 시신을 넣을 관을 만들기 시작했다고 한다
옥좌에 앉아 어명을 내리는 그 순간에 누군가는 그의 관에 옻칠을 하고 있었다니
내가 짓는 집이 당신에게는 수십 겹 옻칠을 하는 관일 수도 있다는 생각에 한숨이 나온다
껌 파는 노파가 말없이 다가와 손을 내밀지만 마음의 동요를 느끼지 못한다
껌이 노파가 들어갈 관일지도 모른다

고모부의 관은 광주 하숙집이었다
딱 내 나이에 관 속으로 들어간 고모부
홀로 밥벌이를 하러 광주에 내려갔다가 석 달 만에 심장

마비로 세상을 떠났다
  나는 한동안 고모부의 영정에 다가갈 수 없었다
  영정에서 죽은 사람 냄새가 나는 것 같았다

그 냄새가 제사상 냄새와 뒤섞여 사람이 먹는 모든 음식이 사자밥일 거라는 생각과 맞물려
  난 한동안 제사음식을 먹지 못했다
  혼자 마당에 나와 밤하늘을 쳐다보면 초승달이 뻐드렁니 삐져나온 입처럼
  날 잡아먹을 듯 침을 흘리고 있었다

고모부 나이에 이르러 나 홀로 외로운 잠을 뒤척일 때
아, 혼자 잠을 자다 죽을 수도 있겠다 싶다
누군가는 내 관을 짜놓고 무수히 옻칠을 하고 있을 터다

홀로 밤을 지새우며 내가 배운 건 대합실에서와 마찬가지로 기다림이다
  이 냉혹하고 무자비한 기다림의 정체를 알아내기 전까지

기차는 오지 않을 거라고 내심 예언을 해보는데
껌 파는 노파의 눈흘김에서
나와 당신의 관계가 종말에 이르렀음을 눈치챈다
오랜 기다림 끝에 내가 얻은 것은 종말이라는 단어다
기차는 오지 않고 나는 종말이란 단어를 챙겨들고 자리에서 일어선다

내가 기다리고 있었던 것은 당신도 아닐 거라는
그래서 당신이라는
나는 아무도 기다리지 않았고 다만
기다리는 것은 내가 떠난 빈자리라는 것을
나로부터 멀어져가는 껌팔이 노파의 등을 보고 어림하는 것이다
아직 도착하지 않은 당신
그래서 당신

두만강변 북한 수비병에게

 까딱하면 넘어가겠습디다
 지난여름 도문에서 뗏목을 타고 당신에게 가까이 다가갔더랬소
 손을 흔들자 당신도 흔들더군요
 노 젓는 조선족이 더이상 들어가면 안된다며 뱃전을 돌리는 바람에
 우리는 한마디 말도 나누지 못했지요
 두만강 푸른 물이 까딱까딱 넘어간다 해서
 무슨 월경죄가 되겠소만
 두만강, 그 일렁이는 파도들은 알 수 없는 기호더군요
 당신, 서 있는 그 땅이 강처럼 물렁하게 보여
 내친 김에 묻노니 탈북 꽃제비들을 붙들어
 철삿줄로 코뚫이를 해 끌고 갔다는 게 사실인가요
 당신이 뭐라 대답하건 간에 여전히 믿을 수 없을 것이기에
 굽이굽이 파도를 보며 잊혀진 이름 하나를 부르고 있었는데
 이름들 가운데 하나를 찾았다고 생각하는 순간

이름의 발음을 둘러싼 상상이 순식간에
당신이 밟고 있는 땅으로 퍼져나가니 이 노릇을 어찌할까요
까딱하면 넘어가겠습디다
이름 석 자가 메아리로 사라진 그 땅
그 물렁한 땅 위에 간신히 서 있는 당신을 바라보면서
당신도 허공에서 가물가물 사라진
이름 석 자 가운데 한 글자는 상상이라도 하겠구나라며
상상은 강을 사이에 두고 오랫동안 저항하면서
금방이라도 부서질 듯 또다시 이름 안에 숨어버렸지요
여름강에 안되면 겨울강이 있겠지요
빙판에 곧추서 있기도 힘들 것이니
미끄러지는 한 발을 따라 다른 한 발도 미끄덩 넘어갔다고
누구의 탓도 아니니 얼굴 붉히지는 마세요
우리 사이의 반질반질한 결빙이 차라리 해빙이겠지요

추신―1994년 4월 2일 자정께 중국에서 몽골로 탈출을

시도하던 탈북자 정철훈(18) 군이 중국 국경수비대의 총에 맞아 숨졌으며 정 군의 시신은 중국에서 화장됐습니다

꿈도 없이 두려움도 없이

재혼한 아내와 소학교 앞에
문방구 딸린 방 한 칸을 얻어 살았다는 시인 박정만

—갇혀 있던 철창 너머에 소학교가 있는데 운동장에서
뛰어노는 아이들의 목소리가
햇살처럼 들려와요 현실과 꿈이 한가지라는 생각이 듭
디다

그 목소리가 들리기라도 하듯
옛 시절을 떠올리며 애잔한 표정을 짓던 여자는
시인과 한 고향 사람이어서
문방구 집을 두어 번 가봤다고 했다

그가 살았던 쓰라린 세월을 들으며
창자가 끊길 것처럼 목이 메고
나 역시 해 지는 쪽으로 가고 싶은 마음이 움트던 저녁

석 달째 곡기도 끊고 하루에 소주 세 병 반

만신창이가 된 그런 날들도 다 지나
젊은 아내가 문방구 문을 닫을 즈음
하얀 김이 서린 유리창에 손가락 시를 적었을 그런 저
녁에

손가락 시는 눈물처럼 주루룩 흘러내리고
그때 그는 전생애를 유리창에 써버린 것이다
꿈도 없이 두려움도 없이

그날 유리창에 닿았던 것은 손가락이 아니라
제 태어나기 전의 그리움에까지 가닿으려는
한 마리 풀벌레의 더듬이

글자들이 유리창 밖 저문 세상을 향해 흘러내리며
그를 대신해 울고 있을 때
그는 영영 돌아오지 못할 하늘을 찾아가려고
천천히 일어나 차디찬 손가락을 그러쥐었을 것이다

그리고 어느날 누구라도
그가 살았다는 추레한 동네를 지나가다
중고문틀집 앞에 내놓은 낡은 유리창에서
그날의 글자를 발견하기도 하는 것이다

―나는 사라진다
저 광활한 우주 속으로*

---

* 시인 박정만(1946~88)의 「종시(終詩)」

롤랑 바르뜨의 어묵

―민어 껍닥을 수북이 모아 물을 쪼까 넣고 팔팔 끓이면 탱탱한 어묵을 만들 수 있지라

아침 텔레비전 프로에서 어느 어부의 아내가 찰진 어묵을 썰며 들려준 말이다
마침 읽고 있던 『롤랑 바르뜨가 쓴 롤랑 바르뜨』
거기 껍질과 젤라틴에 대한 비유가 적혀 있다

―팔레즈의 약국에서 부바르와 뻬뀌셰는 대추로 만든 반죽을 물로 시험하여본다: "그것은 돼지껍질 모양으로 되었다. 즉 젤라틴을 표시적으로 의미하고 있다."

나는 고개를 갸웃거리다가 다음 단락에서 머리를 천천히 끄덕인다

―하나의 메씨지(전언)를 시험할(그것을 신화에서 깨어나게 할) 필요에 몰릴 때마다. 나는 그것을 어떤 외부 심사에 부쳐. 그것을 볼품없이 가공한 껍질과 같은 것으로

축소하고 만다. 그렇게 하여 얻은 것이 그 메씨지의 참 기반이다.

 나는 모든 시가 젤라틴식 어묵에서 왔다는 것을 눈치챘다
 롤랑 바르뜨는 어부의 아내가 어묵을 만들듯 언어의 응고성을 일찌감치 개관하고 있었다

 어부의 아내가 어묵을 만들기 위해 천연 단백질 상태인 민어 껍질을 팔팔 끓이듯 언어의 어묵을 얻기 위해 필요한 것도 자신을 태우는 열정일 것이다 그러나 이내 사그라들고 말 열정 열정도 순간의 영원성, 즉 몰락이긴 마찬가지다 나는 그것을 어떤 외부 심사에 부쳐

| 해설 |

실존적 삶의 지층과 북방의식
홍용희

 정철훈의 네번째 시집 『뻬쩨르부르그로 가는 마지막 열차』는 자신의 실존에 대한 시적 천착을 북방의식과의 연속성 속에서 노래하는 특징적인 면모를 보여준다. 그의 시세계에서 북방의식은 이미 그가 간행한 시집은 물론 소설에서도 전면에 등장한 바 있지만, 이번 시집에 이르러 좀 더 본격적으로 자신의 내밀한 삶의 거울로 등장하고 있다. 북방의식이 그의 시적 삶의 중심음으로 작용하고 있는 것이다. 이러한 시적 특성은 해방 이후 우리 시사에서 사라져간 북방의 공간적 재생이라는 점에서 더욱 눈길을 끈다.
 해방 이전 북방은 김동환 이육사 오장환 이용악 백석 등의 시적 삶의 배경으로서 민족적 시원이며 강건하고 웅혼한 대륙적 공간으로 존재했다. 그러나 민족분단의 고착화와 더불어 우리 시사에서 북방의식은 점차 사라지게 된다. 분단시대의 출발과 더불어 시적 상상의 영토 역시 분단의

굴레에 갇히게 된 것이다. 따라서 정철훈의 시세계에서 북방의식이 재생되는 것은 우리의 무의식의 지층에 묻힌 대륙적 공간을 소생시키는 의미를 지닌다. 그의 『뻬쩨르부르그로 가는 마지막 열차』가 환기하는 북방의 정서는 이를테면, 오장환이 "저무는 역두에서 너를 보냈다/비애야!"라고 노래했던 「The Last Train」(1936)을 재건하는 시사적 의미를 지니는 것이다. 그렇다면, 그가 "슬픔으로 통하는 모든 노선(路線)이" "지도처럼 펼쳐 있"다고 전언한 오장환의 「The Last Train」을 오늘날 재건할 수 있었던 주된 배경은 어디에 있을까? 정철훈의 시세계의 특성에 대한 규명은 이러한 질문에서 시작된다.

    날이 밝으면 큰아버지가 공항에 도착하는 아침이다
    그는 오래전 소련으로 망명했으니 그 국가가 패망해 사라졌다 해도 그는 소련에서 온 사람이다
    그러니까 로맹 가리를 읽는 밤에
    내가 번역하고 있는 건 큰아버지의 귀환이다
    로맹 가리는 1914년 모스끄바에서 태어나 빠리로 건너간 뒤 두 번 다시 돌아오지 않았다
    큰아버지는 1923년 광주에서 태어나 모스끄바로 건너갔으며 첫 상봉 이후 두 번이고 세 번이고 돌아오고 있다
                   —「로맹 가리를 읽는 밤」 부분

정철훈에게 북방의식은 "큰아버지"의 삶의 내력과 직접 연관되는 것으로 보인다. 그가 소설 『인간의 악보』(민음사 2006)에서 우회적으로 다룬 바 있는, 월북 이후 구소련으로 망명한 큰아버지의 삶의 여정은 해방 이후 우리에게서 멀어져간 북방의 공간의식을 고스란히 드러낸다. "1923년 광주에서 태어나 모스끄바로 건너갔"던 큰아버지와의 거듭되는 상봉은 그의 시에서 북방의식을 불러오는 기제가 되고 있는 것이다.

시의 내용을 순차적으로 따라가보면, 디아스포라의 삶을 살다 간 "로맹 가리를 읽는 밤"이 "큰아버지"의 삶을 만나고 자신의 실존을 재인식하는 과정으로 이어지고 있다. 로맹 가리처럼 큰아버지 역시 월북 이후 구소련으로 망명한 디아스포라이다. 그래서 "로맹 가리를 읽는 밤에/ 내가 번역하고 있는 건 큰아버지"에 대한 상념들이 된다. 물론 그가 로맹 가리로부터 큰아버지를 쉽게 떠올린 것은 가족적 친연성과 직접 연관되지만 좀더 근본적으로는 "내가 오래도록 지병처럼 앓아온 의문"에 대한 해답 찾기와 연관된다. 큰아버지의 디아스포라적 삶이 시인의 존재론적 성향과 동일성을 지니기 때문이다. 그는 "나 역시 너무 멀리 나와 있"으나 집은 "내가 추구하는 목적이 될 수 없다"고 생각하는 강한 방랑적 기질에 시달린다.

실제로 그는 "캄캄한 밤과 광활한 대양 위에서 별빛만을 믿고 스스로 귀환하지 않을 일에 골몰"하고 있다. "이때 큰아버지가 귀환"한다. 따라서 시적 자아에게 큰아버지는 삶의 원형적 존재로서 의미를 지닌다. 큰아버지의 디아스포라적 삶에서 그는 "내 피에도 불귀의 유전자가 흐른다는 걸" 증명하고 싶어 한다. 그래서 그는 큰아버지가 "고향에 뼈를 묻는" 귀환의 가능성까지도 우려한다. "1914년 모스끄바에서 태어나 빠리로 건너간 뒤 두 번 다시 돌아오지 않았"던 로맹 가리 식 실존이 그의 동경의 대상이기 때문이다. 시적 정황이 그가 스스로 자신을 디아스포라로 규정하고 이를 실현하고자 하는 면모를 보여주는 것이다.

이렇게 보면, 이 시에서 큰아버지의 존재성은 정철훈의 북방적 상상의 출구이며 디아스포라적 '유전자'의 원형으로 정리된다. 다음 시편은 그가 큰아버지와 깊은 동질성을 느끼는 주된 배경을 좀더 구체적으로 보여준다.

이 언덕길을 내려가 망명을 떠난 어느 직립보행인을 떠올린다

만주에서 개장수, 블라지보스똑에서 항만노동자였던 강자들

그때는 우리의 시대라고 부르던 시대다
나의 시대는 우리의 시대와 다르다
나는 아직 이루지 못한 미몽의 시대에 살고
우리는 이미 좌절된 무력함의 시대다

나는 우리가 못다 이룬 꿈의 변형에 대해 쓴다
귀신과 허공과 우연을 믿었던 청년
나의 청년은 죽지 않고 사라지지도 않고
내 안에 깃들어 있다
나의 시대는 나 하나를 구원하기에도 모자란다
나는 변해왔고 아직도 변하는 중이다
—「나의 시대」 부분

"만주에서 개장수, 블라지보스똑에서 항만노동자였던 강자들"이란 해방 이전 민족독립과 혁명을 꿈꾸며 강인한 대륙적 기상을 키워나갔던 인물들이다. '강자들'이란 표현에서 드러나듯, 화자는 이들 혁명가에 대한 원초적인 동경을 드러내고 있다. 또한 이들은 새로운 혁명의 시대를 건설하기 위해 월북했던 큰아버지의 이미지와 친연성을 지닌다. "이 언덕길을 내려가 망명을 떠난 어느 직립보행인"이란 구체적인 묘사가 이를 뒷받침한다.

그러나 시인은 혁명의 꿈이 모두 휘발된 "무력함의 시

대" 속에서 "미몽"에 사로잡힌 채 살고 있다. 그가 "나의 시대"에 대해 스스로 "무력함의 시대"라고 규정하는 것은 현실과의 고통스런 불화를 가리킨다. 그가 현실과 불화할 수밖에 없는 주된 이유는 "나의 청년은 죽지 않고 사라지지도 않고/내 안에 깃들어 있"기 때문이다. 정황으로 미루어보아 "나의 청년"이란 혁명적 열정을 가리킨다. 혁명이 실패한 시대이지만 혁명의 열정만은 사라지지 않고 "내 안에 깃들어 있"는 것이다. 이때, "죽지 않고 사라지지도 않고/내 안에 깃들어 있"는 "나의 청년"이란 표면적으로는 "만주에서 개장수, 블라지보스똑에서 항만노동자였던 강자들"을 가리키지만 심층적으로는 큰아버지의 삶을 표상하는 것으로 풀이된다. 이렇게 보면, 화자의 내면에 살아 있는 청년이란 지금도 살아 있는 큰아버지이기도 하다.

정철훈의 시적 삶에서 이와같이 큰아버지를 중심으로 한 북방의 상상력과 디아스포라적 삶의 동질성은 러시아를 배경으로 하는 다음 시편을 통해 더욱 실감있게 확인된다.

역 건물이 묘하게 낯설지 않았던 것은
고향의 농가와 흡사해 보였던 때문만은 아니었다
플랫폼에는 금발 처자가 여행가방에 걸터앉아 울고 있었고

역 안내판이 눈에 들어왔다
— 말년의 레닌이 휴양하던 곳
이걸 읽기 위해 해가 지는 건 아닐 테지만
대체 레닌이라니

실패한 건 레닌뿐이 아니다
한인혁명가들의 꿈도 물거품이 된 지 오래다
이동휘 홍범도 박진순 김아파나시 홍도 김규식 여운형
이 역을 지나 뻬쩨르부르그에 당도했을 이름들
동방피압박민족대회가 열린 1920년
피압박이라는 단어에서 구시대의 유물처럼 녹냄새가 난다

이제 와 미완의 혁명을 회상하는 건 부질없다
이루지 못한 꿈이야 두 줄기 철로변에 얼마든지 나뒹군다
차라리 플랫폼의 불빛이 애처롭고 처자의 등뒤로
어린아이의 손목을 잡고 서 있는 남자가 애처롭다
— 「뻬쩨르부르그로 가는 마지막 열차」 부분

러시아의 고도 뻬쩨르부르그로 가는 마지막 열차 속에서 "금발 처자가 여행가방에 걸터앉아 울고 있"는 간이역

의 풍경이 영화의 한 장면처럼 반사된다. 정황으로 미루어 보아 이별을 앞둔 연인이 연출하는 풍경이다. 그러나 화자는 여기에서 돌연 지난 역사의 한자락으로 시간여행을 한다. "이동휘 홍범도 박진순 김아파나시 홍도 김규식 여운형"처럼 이 역을 지나 뻬쩨르부르그로 향했던 미완의 혁명가들을 회상하는 것이다. 그러나 그는 곧 "이제 와 미완의 혁명을 회상하는 건 부질없다"고 스스로 말한다. "이루지 못한 꿈이야 두 줄기 철로변에 얼마든지 나뒹군다"고 생각하기 때문이다. 여기에는 미완의 혁명에 대한 안타까움과 좌절감이 짙게 배어 있다. "차라리 플랫폼의 불빛이 애처롭고 처자의 등뒤로/어린아이의 손목을 잡고 서 있는 남자가 애처롭다"라고 할 때 "차라리"에는 절망적 체념이 묻어나온다. 이때의 절망적 체념에는 "이루지 못한" 혁명의 "꿈"에 대한 회한과 아쉬움이 응결되어 있다. 그래서 그가 "지금은 미완의 혁명 따위보다 그들의 작별을 더 궁금해 할 때"라고 할 때 "따위"란 혁명에 대한 폄하가 아니라 오히려 혁명의 미완에 대한 강한 회한을 고조하는 것이다.

그럼에도 불구하고, 현실적으로는 "미완의 혁명"에 집착하기보다 "그들의 작별을 더 궁금해"하며 살아갈 수밖에 없다. "나는 아직 이루지 못한 미몽의 시대에 살고/우리는 이미 좌절된 무력함의 시대"(「나의 시대」)에 살고 있기 때문이다. 그래서 그에게 삶이란 그저 "집시의 시간"을 부유하는 것으로 다가온다. 혁명가에게 혁명의 의지가 휘발된 삶이란 이미 정신적으로는 방황하는 디아스포라이다.

그가 '뻬쩨르부르그로 가는 마지막 열차'에서 미완의 혁명가로 생을 마친 '한인혁명가'를 떠올린 것은 '이미 좌절된 무력함의 시대' 속에서 '아직 이루지 못한 미몽의 시대'에 살아가는 자신과 근원 동일성을 느꼈기 때문이다. 또한 이것은 월북과 망명으로 점철된 '큰아버지'의 삶에 대한 깊은 체험적 동질성을 느끼는 과정으로도 이해된다.

한편, 여기에서 새삼 주목할 것은 이번 시집의 질박한 정조이다. 그의 시적 언어는 마름질의 세공에 치중하기보다 원목의 꾸밈없는 순박한 미감을 지향한다. 그래서 그의 시세계에는 삶의 감각과 정서가 생생하게 묻어나온다. 이러한 특성은 그의 시세계의 중심음으로 작동하는 북방의 상상력과 깊이 연관되는 것으로 해석된다. 북방적 상상은 섬세하고 치밀하기보다는 투박하고 웅혼한 대륙적 기상과 가깝기 때문이다. 해방 이전의 한국시의 현실적 대응양상을 공간적으로 살펴보면 ①국내적인 생존의 방식, ②현해탄적 생존의 방식, ③북방적 생존의 방식으로 나눌 수 있는바, ①을 여성적 편향으로 규정할 수 있다면 ②는 낭만적 서정성의 편향으로, ③은 웅혼한 남성성이라고 규정했던 시사적 인식(김윤식)도 이러한 논리를 뒷받침한다.

정철훈의 북방적 정서와의 친연성은 시의 어법과 더불어 직접적인 내밀한 체험의 세계를 통해서도 드러난다. 그의 현재적 삶의 지층에는 러시아에서의 체험이 기반을 이루고 있는 것이다.

> 고양이 울음소리가 이 새벽을
> 물에 뜨는 모음의 강으로 만들고 있다
> 내게도 저토록 반복적으로 울어야 했던 그리움의 시절이 있었다
> 오래전 진눈깨비 쌓이던 모스끄바 어느 후미진 뒷골목
> ―「러시안 블루」 부분

화자는 "반복적으로" 울리는 "고양이 울음소리"에서 "모스끄바 어느 후미진 뒷골목"에서 "울어야 했던 그리움의 시절"을 떠올린다. 그에게 현재의 삶은 러시아에서의 삶을 환기하는 매개체로 존재한다. 현재적 삶의 지층에는 북방의 체험적 삶이 강렬하게 내재되어 있는 것이다.

이러한 특성은 다음과 같은 근자의 그의 에쎄이에서도 흥미롭게 확인된다.

> 요즘 함박눈이 첩첩 쌓인 소롯길을 걷노라면 눈의 나라 러시아에 와 있는 기분이 든다. 출퇴근 때마다 발밑

을 간질이는 뽀드득 소리가 묘하게 위안을 주는 건 20년 가까운 세월 저쪽에서 저벅거리는 모스끄바 시절의 추억 때문이다.(『국민일보』 2010. 1. 12.)

정철훈에게 모스끄바는 고향처럼 그리운 원체험의 공간이다. 그가 이처럼 혁명의 도시 모스끄바를 그리워하는 것은 자신의 삶의 현실을 '이미 좌절된 무력함의 시대'로 더욱 깊이 인식하는 계기이며 아울러 스스로의 실존을 디아스포라로 인식하는 계기인 것으로 보인다. 실제로 그는 "비행기는 시간여행을 하는 한 마리 날벌레처럼 시베리아 상공을 날아가고/나는 어디로도 귀환하고 싶지 않"(「흑승」)다고 고백한다. 그의 삶은 일종의 '내국 디아스포라'이다. 그의 '내국 디아스포라'로서의 실존적 인식은 비관적인 운명론을 심화시킨다. 그는 정처 없는 디아스포라적 실존이 곧 인간의 태생적인 운명이라고 인식하는 것으로 보인다.

> 자장가는 태반에서부터 빙글빙글 돌아가는 음반
> 바늘이 운명의 표면을 긁을 때 나는 소리
> 하늘의 별도 그렇게 태어나고 그렇게 소멸한다지
> 바유시키 바유 바유시키 바유

자장가는 아기의 귀에 수면의 묘약을 흘려보내며 말
하지
세상 같은 거 잊으라 잊으라
지구는 회전하고
세상의 모든 자장가는 그 회전축을 따라 돌고 있지
바유시키 바유 바유시키 바유
　　　　　　　—「까자끼 자장가를 들으며」 부분

자장가는 "운명의 표면을 긁을 때 나는 소리"이다. 그래서 자장가에는 운명의 본질이 담겨 있다. 그렇다면, 자장가가 들려주는 내용은 무엇인가? 그것은 뜻밖에도 "세상 같은 거 잊으라 잊으라"는 것이다. 어린아이에게 "수면의 묘약"으로 쓰이는 자장가가 "세상이란 슬픈 곳"이며 "많은 눈물을 흘리"지 않을 수 없는 곳이라는 내용을 담고 있다. 이것은 희망과 평화를 노래하는 통상적인 자장가와 너무도 거리가 멀다. "닭모가지와 새벽에 관한 비유"가 "역사가 과장되어 있다는 증거"(「막차」)인 것처럼 그에게 희망과 평화는 현실을 과장하는 허구적 수사일 따름이다.

따라서 현재의 삶은 누구에게도 안온한 귀의처가 될 수 없다. 화자가 '로맹 가리 식 실존'을 동경하는 까닭이 여기에 있다. 그가 '이미 좌절된 무력함의 시대'에 느끼는 디아스포라적 실존은 일상적인 생활감각의 도처에 스며들어 있다. 그에게 삶은 먼저 고적하고 외롭고 비관적으로 다가온다.

① 봄이 올 때까지 이 겨울의 사랑을 어찌 껴안을까
　몸은 더운데 사랑의 바닥은 차갑구나
　　　　　　―「우리가 가장 잘할 수 있는 사랑」 부분

② 아무도 없는 집에서 설거지를 한다
　살림이란 게 설거지에서 완결된다지만
　완결이란 말이 아프다
　그런 게 있을 수 있을까
　(…)
　그릇들이 딸그락 소리를 내며
　설거지하는 나를 개관한다
　젖은 손으로 이마를 짚어본다
　차갑다는 느낌이 내 삶의 온도다
　　　　　　―「고적한 설거지」 부분

③ ―엄마, 나도 나이를 먹었다고 이제 좀 알 것 같아
　그래도 올핸 송편 좀 빚자 케이크보다는
　난 모녀를 세상에 남기고 떠난 시체처럼 누워 있다

불가마가 우리 모두가 들어갈 관처럼 느껴졌다
모녀의 대화에 시체도 땀을 흘린다
―「추석 전야」 부분

①은 사랑도 삶의 위안이 되지는 못한다는 것을 보여준다. "몸은" 덥지만 "사랑의 바닥"은 차갑다. 이제 사랑의 바닥이 더운 몸을 식힐 것이다. 그렇게 되면, "이 겨울의 사랑"은 "봄"을 맞이하기도 전에 끝날 것이다. 따라서 사랑이 삶의 안식처가 될 수는 없다.

②에서 "설거지"하는 모습이 "고적"하다. 그 이유는 "아무도 없는 집"에 혼자 있어서가 아니라 설거지가 "완결"될 수 없다는 사실에 있다. 완결이란 집 안에서도 영원히 있을 수 없는 명제이다. 화자는 스스로 자신의 "이마를 짚어본다". 이마가 "차갑다". 집 역시 완전하고 완결된 안식처가 되지는 못한다.

③은 "추석 전야"의 찜질방이 배경이다. 아버지의 추석 차례에 대해 모녀가 주고받는 얘기가 귀에 들려온다. 어느새 화자의 정서는 "모녀를 세상에 남기고 떠난 시체"의 역할이 된다. 물론 이것은 가상이다. 그러나 자신의 실재를 반사해주는 실재적 가상이다. 그는 "눈 그친 겨울날의 찌푸린 날씨처럼/내 모든 과거가 그칠 것을 믿"으면서 "얼마 후 폭풍을 동반한 눈보라 속에서/영원히 실종되었다는

뉴스가 전해지길 바"(「딸에 대하여」)라는 당사자이기 때문이다.

거침없이 개진되는 정철훈의 질박한 어법에는 이와같은 실존적 비감이 짙게 배어 있다. 이것은 앞에서도 지적한 바처럼, 현재의 삶 속에서 경험하는 디아스포라적 실존이다. 그러나 이러한 디아스포라적 실존의 성향이 비관주의적 현실인식으로 집중되는 것만은 아니다. 오히려 현실을 관조적으로 객관화하면서 삶의 본질을 직시하고, "세월이 갈수록 잃어버린 것들의 울음소리를 듣게"(「시인의 말」) 되는 계기로도 작용한다. 그래서 그의 시세계의 도처에는 다음과 같은 서늘한 견성의 언어들이 빛을 발하고 있다.

삶은 확실히 슬픔과 중력의 자식일 것이니
기차가 슬픔을 길게 가로질러가듯
이 모든 것 너머에 우리는 존재한다
　　　　　　　—「감자를 벗겨 먹는 네 개의 입」 부분

저녁 먹고 공원을 한 바퀴 돌면서 생각한다
한 바퀴라는 이 순환이 삶의 배후라는 게 비극 아닌가
　　　　　　　—「저녁 먹고 한 바퀴」 부분

전생이라는 진본이 발견되지 않고 있기에

우리는 만남과 헤어짐을 반복하는 것이다
　　　　　　　—「왕오천축국전을 읽는 아침」 부분

　　있어야 할 것이 전생인데 그게 없는 것이 인간 탄생의
　　설화다
　　어디서 와서 어디로 가는지가 깨끗하게 지워져 있다
　　그걸 구태여 천진이라고 말할 게 없다
　　　　　　　—「유모차가 있는 풍경」 부분

　인용 시편들을 연속성 속에서 종합하면, 현재의 삶에 대한 미적 관조의 지점은 '전생'이다. 전생의 위치에서 현재적 삶의 풍경을 조망하고 있는 것이다. 그래서 화자는 현실에 대한 거시적인 인식이 가능하다. "삶은 확실히 슬픔과 중력의 자식"이다. 그 이유는 우리의 삶이 "저녁 먹고" "한 바퀴" 도는 순환의 싸이클과 같은, "한 바퀴라는 이 순환"에 갇혀 있기 때문이다. "전생이라는 진본"과 연속성을 이루지 못하는 "우리는 만남과 헤어짐을 반복하는" 미망에서 벗어나지 못하는 것이다. 다시 말해, "있어야 할 것이 전생인데 그게 없"기 때문에 "어디서 와서 어디로 가는지가 깨끗하게 지워져 있다". 물론 여기에서 전생의 의미가 무엇인지를 묻는 것은 큰 의미가 없다. 다만, 현재적 삶의 "이 모든 것 너머에" 존재하는 근원을 표상하는 것으로 해석된다.

지금까지 살펴본 대로, 정철훈의 실존의 지층에는 북방적 상상이 내재한다. 그리고 이 북방의식은 소재주의적 차원이 아니라 현재적 삶의 성찰과 발견의 중심음으로 작용하고 있다. 특히, '큰아버지'를 중심으로 한 디아스포라의 생활감각은 '나의 시대'를 잃어버린 '내국 디아스포라'의 정서로 내면화된다. 그의 이러한 내국 디아스포라로서의 실존은 비관적인 현실인식의 바탕이 되기도 하지만 동시에 현재적 삶에 대한 객관적 관조의 계기로 작용한다. 그의 시세계 도처에서 빛나는 견성의 언어가 여기에 해당한다.

정철훈은 우리 시사에서 멀어져간 1930년대 중반 오장환이 "거북이여! 느릿느릿 추억을 싣고 가거라/슬픔으로 통하는 모든 노선(路線)이/너의 등에는 지도처럼 펼쳐 있다"고 노래한 「The Last Train」의 재건을 통해 우리 시대의 역사의식과 내면 풍경을 애틋하면서도 섬세하게 조망한다. 우리 의식의 지층 속에 묻혀 있던 북방의 정서와 예지력이 그의 시세계를 통해 소생하고 있는 것이다. 특히 그의 거침없는 질박한 어법 속에 드러나는 북방의 대륙적 기상은 그동안 우리 시사가 잃어버린 민족적 시원의 역동성을 환기시켜준다는 점에서 중요한 의미를 지닌다. 이를테면, "남자들이 전쟁터에서 죽어갈 때 여자들은 밥하고 빨래하고 철도를 건설했"(「나인 동시에 아무것도 아닌」)던 풍경들은 분단시대를 넘어 동북아중심사회로 도약해나갈 미래지향적인 시적 에너지의 한 가능성을 보여주는 것이다. 정철훈의 시적 삶을 통해 도달한 우리 시사의 새로운 한 영토이며 경지이다.

洪容熹 | 문학평론가

| 시인의 말 |

　세월이 갈수록 잃어버린 것들의 울음소리를 듣게 된다. 그게 텅 비어버린 내 안의 공명인지도 모르겠다. 망각의 커튼 뒤에 숨은 흐릿한 그림자가 가끔 그토록 선명할 수 없다. 그래서인지 몇년 동안 꿈을 꾼 적이 없다. 아침에 누가 꿈 이야기를 하면 질투가 난다. 꿈을 꾸지 않고 어떻게 예지력을 가질 수 있으랴. 이에 빗대자면 내가 사용한 모든 낱말에는 단말마 같은 비명이 묻어 있다. 낱말들이 얼마나 오래 참으면서 나를 지켜보고 있는지 알 것 같다. 낱말들은 인간의 통증을 제 몸에 새기면서도 고통을 느끼지 않는다. 그게 낱말의 비밀이다. 모든 낱말들은 한번 죽었다가 살아난 것이다.

2010년 4월

정철훈

창비시선 314
뻬쩨르부르그로 가는 마지막 열차

초판 1쇄 발행/2010년 4월 26일

지은이/정철훈
펴낸이/고세현
책임편집/전성이
펴낸곳/(주)창비
등록/1986년 8월 5일 제85호
주소/413-756 경기도 파주시 교하읍 문발리 513-11
전화/031-955-3333
팩시밀리/영업 031-955-3399 · 편집 031-955-3400
홈페이지/www.changbi.com
전자우편/literat@changbi.com
인쇄/상지사P&B

ⓒ 정철훈 2010
ISBN 978-89-364-2314-8 03810

* 이 책 내용의 전부 또는 일부를 재사용하려면
 반드시 저작권자와 창비 양측의 동의를 받아야 합니다.
* 책값은 뒤표지에 표시되어 있습니다.